COLLECTION PROSE

La petite histoire de la Sagouine

Tous droits réservés pour tout pays. © 2017, Les Éditions Perce-Neige.
Dépôt légal / Deuxième trimestre 2017, BNQ et BNC.

Saisie de texte et révision linguistique : Catherine Pion.
Conception graphique de la couverture : Kinos.
Conception graphique de l'intérieur : Jovette Cyr.

CATALOGAGE AVANT PUBLICATION DE BIBLIOTHÈQUE ET ARCHIVES CANADA

Léger, Viola, auteur   La petite histoire de la Sagouine / Viola Léger.

Publié en formats imprimé(s) et électronique(s). ISBN 978-2-89691-012-0 (couverture souple).--ISBN 978-2-89691-013-7 (PDF).-- ISBN 978-2-89691-014-4 (HTML)

   1. Maillet, Antonine, 1929- Sagouine. I. Titre.

PS8526.A4S45 2017   C842'.54   C2017-901771-3
                                             C2017-901772-1

DISTRIBUTION AU CANADA
Dimedia
539, boulevard Lebeau
Saint-Laurent (Québec) H4N 1S2
Tél. : 514 336-3941

Les Éditions Perce-Neige   editionsperceneige.ca
22-140, rue Botsford   perceneige@nb.aibn.com
Moncton (N.-B.)   Tél. : 506 383-4446
Canada E1C 4X4   Cell. : 506 380-0740

Canadä

 Conseil des Arts   Canada Council
du Canada   for the Arts   New Nouveau
                                                   Brunswick   MONCTON

La production des Éditions Perce-Neige est rendue possible grâce à la
contribution financière du Conseil des Arts du Canada
et de la Direction des arts et des entreprises culturelles
du Nouveau-Brunswick.
Nous reconnaissons l'appui du Fonds du livre du Canada dans le cadre
de son programme de Soutien au développement des entreprises.

Viola Léger

La petite histoire de la Sagouine

Mot de l'éditeur

Le récit qu'on va lire a été dicté par Viola Léger à une secrétaire professionnelle, d'où le ton parlé qui lui confère un niveau de langue si vivant. Nous n'avons pas voulu aplanir l'oralité du propos ni les énumérations pour ne pas priver le texte de la présence singulière de la comédienne qui se raconte dans ses propres mots.

On comprendra que c'est par amitié et complicité que Viola Léger parle d'Antonine Maillet en l'appelant Tonine. Ironiquement, l'auteure Antonine Maillet devient ainsi un personnage du récit de... la Sagouine !

Bien que le temps du récit se déroule de 1971 à 1976, il ne faut pas s'attendre à un ordre strictement chronologique des évènements. L'auteure se permet des parenthèses et nous raconte ses histoires au hasard de sa mémoire.

Par souci de clarté nous écrivons *La Sagouine* quand il s'agit du livre d'Antonine Maillet et du spectacle théâtral, et la Sagouine lorsqu'il s'agit du personnage.

Préface

La petite histoire d'un régisseur associé par tâches connexes

J'ai 8 ans. Avec ma famille, on s'en va au Pays de la Sagouine. Pas tout à fait la même Sagouine que celle que j'entends sur la cassette du tome 3 de François Pérusse et que je connais pratiquement par cœur, mais la *vraie*. Celle à qui on a construit un pays que je vois de loin chaque fois qu'on voyage sur l'autoroute 11 en famille entre Moncton et le nord de la province. Ce pays avec un pont qui a l'air d'être agréable à marcher. La température est grise. La Sagouine entre en scène, et j'entends mon père dire « ah oui elle fait *Les bancs d'église*. » Je ne comprends pas vraiment ce qui se passe. Il se met à pleuvoir et je l'entends dire *« Y mouillont-ti. Si y mouillont j'pourrons point le faire. »* Et la pluie, qui s'abat sur le pays, le micro et les systèmes électriques, finit par avoir raison de ma première rencontre avec la *vraie* Sagouine. Ça n'a duré que quelques minutes et je m'en souviens comme si c'était hier pourtant. Je n'ai plus jamais écouté *Sagouine'n Roses* de la même façon non plus.

En quoi *la Sagouine* est-elle encore pertinente aujourd'hui ? En quoi peut-elle (ou pas) avoir écho sur une nouvelle génération ? Ce sont les questions qu'on m'a posées avant de me proposer d'écrire cette préface. Je pourrais vous parler du propos du texte, de son universalité, des rires (surtout), des (quelques) larmes accompagnant les élans de chacun des « dialogues » que j'ai entendus. Je pourrais vous parler du silence immanquable qui accompagne le reel de sainte Anne à la guimbarde ou les quelques notes d'harmonica au loin, comme si le temps s'arrêtait pour faire place au phénomène, en attendant les applaudissements nourris à la vue d'un bout de femme en guenilles qui s'avance seule en scène au Pays de la Sagouine. Je pourrais citer ce que les critiques de théâtre ont écrit de *La Sagouine* et de Viola Léger, à Montréal comme à Paris, dans la première moitié des années 1970.

Toutes ces choses, j'en ai été témoin de loin quand j'emmenais les enfants jouer à la cabane de la *cachette à Radi* pour donner un *break* aux parents durant le théâtre à l'été de 2008, et lorsque je suis devenu surveillant des caméras et autres bidules enregistreurs pour pratiquement l'ensemble des prestations de *La Sagouine* à l'été de 2009. Reste que ce dont j'ai envie de parler, ce n'est pas tant du phénomène qui sévit depuis bien avant ma naissance, mais plutôt de ce qu'il a permis, et surtout, de ce qu'il a permis grâce à son incarnation par Viola Léger.

Au moment d'écrire ces mots, j'ai 27 ans. J'ai rencontré Viola Léger l'été de mes 18 ans à mon premier contrat professionnel dans le milieu artistique, celui de régisseur de plateau sur la méga-production *Pélagie*. Fier de ma première année au département d'art dramatique de l'Université de Moncton et de la recommandation d'un professeur, je passe avec succès une entrevue pour un poste dont j'ignore essentiellement la nature. Reste qu'entre une bonne volonté, des tendances à apprendre vite et la naïveté de ne pas craindre la notion «autres tâches connexes», j'entame mon premier contrat dans le monde du théâtre.

Après quelques répétitions, on m'annonce que Viola Léger me désigne comme son régisseur associé. Sans jamais prendre le temps de demander pourquoi, j'accepte (comme si ça se refusait...). Inutile de dire que si j'ignorais la nature du métier de régisseur au moment de signer le contrat, à partir de ce moment-là, j'ai appris en accéléré...

J'avais entendu toutes sortes d'histoires sur l'exigence qu'entretenait Viola Léger à l'égard de ses régisseurs. On y avait même associé le mot *caprice*. Ce n'est pas du tout l'expérience que j'ai vécue. Certes, j'ai connu une comédienne exigeante, mais cette exigence venait d'une impressionnante rigueur au travail doublée d'une obsession méticuleuse que l'aspirant comédien en moi n'a pu qu'apprendre à respecter, voire à admirer. Cette exigence a toujours été accompagnée d'une grande reconnaissance de sa part. À ce jour, je ne crois pas avoir complètement conscience du privilège de cette rencontre au début de mon parcours professionnel. Ce respect et cette admiration qui sont nés cet été-là n'ont fait que se développer depuis.

J'ai travaillé pendant deux étés au Pays de la Sagouine au sein d'une équipe qui doit compter, autour du mythe qu'elle incarnait depuis plus de trente ans à ce moment-là, près de 200 employés. Si c'est grâce à Viola Léger que tout ça se pouvait, c'est aussi devenu, encore une fois, grâce à elle, que j'ai quitté, cette fois pour mon premier contrat de comédien professionnel avec la compagnie qui porte son nom. Cette compagnie, Viola Léger l'avait fondée dans les années 1980. Dormante depuis un temps, elle avait autorisé qu'on la réveille afin de permettre cet été-là 35 représentations d'une nouvelle production rassemblant sur scène un peu plus d'une quinzaine de professionnels, sans compter les figurants bénévoles et l'équipe de production.

Cet été-là, j'ai vécu l'ivresse de jouer devant 15 000 spectateurs dans une salle d'un peu plus de 500 places, le tout dans une communauté qui compte environ 5 000 âmes. Là encore, sans m'en rendre compte, je devenais tributaire de ce que *La Sagouine* permettait à travers Viola Léger.

À la fin de mon baccalauréat en art dramatique en 2011, je décide de rester en Acadie plutôt que de poursuivre des études au Québec. Du coup, on m'encourage à postuler pour les prix de la *Fondation pour l'avancement du théâtre francophone au Canada*, qui compte un nouveau prix pour les jeunes artistes acadiens: le prix Viola-Léger pour la création, rendu possible grâce à sa fondation. Quelques mois plus tard, je deviens le premier lauréat de ce prix, et je commence à ce moment à me rendre compte de l'impact de Viola Léger, et par association, forcément, de

La Sagouine, sur mon jeune parcours artistique.

Les tapes dans le dos, les approbations, les permissions (celles qu'on prend ou qui nous sont données) sont importantes, voire essentielles, lorsqu'on est un jeune artiste. Cette tape dans le dos, ce souffle qui dit *vas-y, continue*, a fait et continue de faire une différence dans ma carrière.

Quand je lis *La petite histoire de la Sagouine*, je ne peux m'empêcher de constater à la fois le chemin pris, parcouru, défriché, par la comédienne qui portait ses mots et qui vous livre ici son histoire, ainsi que son influence à la fois sur l'Histoire en général et de petites histoires personnelles comme la mienne. Parce que ces tapes dans le dos, senties ou non, je ne suis pas le seul à les avoir savourées.

Ces tapes dans le dos, c'est Viola Léger qui assiste à pratiquement toutes les représentations du Théâtre l'Escaouette, au bras d'Eugène Gallant, lorsqu'elle est en ville. La même femme que Jean Lapointe désigne comme celle qui faisait les meilleurs discours qu'il ait entendus au Sénat durant son séjour à la chambre haute. C'est celle qui depuis quelques années a été présente à l'ensemble des prestations auxquelles j'étais lié, comme interprète ou auteur, à Moncton. La philanthrope qui donne un peu partout pour le développement de son milieu. La femme qui profite d'un hommage qui lui est accordé aux prix Éloizes pour ne parler que des artistes en martelant l'importance de les protéger et de leur faire une place au quotidien.

C'est la femme qui m'accueille dans sa loge à Caraquet, Gatineau, Bouctouche, qui me dit *tu nous manques* la première fois que je retourne au Pays de la Sagouine, qui prend toujours le temps de prendre de mes nouvelles, comme pour leur accorder de l'importance. C'est la femme qui, un jour, accepte de me raconter, avant une représentation au Théâtre l'Escaouette, l'histoire de la première représentation de *La Sagouine*, et qui me le raconte comme si c'était une première fois. C'est la femme qui impose le respect et le silence chaque fois que je la vois en scène. Celle qui peut se permettre de dire *vous savez, les politiciens manquent parfois d'imagination* en face de dignitaires sans froisser personne, entrainant à la fois leurs rires et leurs applaudissements. La femme qui peut se permettre de tout dire, et qui trouve le moyen de le faire pour que ça passe.

Je crois que le mythe de la Sagouine n'aurait pu vivre aussi longtemps sans quelqu'un pour le porter, pour l'incarner. Sans la générosité, la rigueur, la fougue, la vulnérabilité, la fierté féroce, l'humilité et la force de cette femme, je ne sais pas à quel point ce mythe se serait autant enraciné dans l'inconscient collectif francophone de ce pays. À mon sens, aujourd'hui, c'est surtout grâce à l'empreinte que Viola Léger laisse sur le personnage de la Sagouine que celle-ci continue et continuera de laisser sa marque sur le Monde. Un Monde qui voudra bien faire une place à ses mains blanches qui savent faire rejaillir la beauté là où les aveugles ne voient que des couches de crasse. Ne serait-ce que pour ça, je réponds que oui, aujourd'hui, cette petite histoire de la Sagouine prend à la fois tout son sens, sa pertinence, son écho, et peut-être plus que jamais, grâce à tous ses ricochets, sa nécessité.

Gabriel Robichaud
Mars 2017

L'Acadie
1971-1973

Moncton

La Sagouine est née sans bruit, le plus naturellement du monde, au fin fond de l'Acadie, en novembre 1970. Antonine Maillet portait sa Sagouine depuis déjà plusieurs années, mais son arrivée surprit tout le monde, même sa mère. Ce jour-là, Antonine Maillet devait envoyer deux textes radiophoniques de quinze minutes à Radio-Canada CBAF Moncton, dans le cadre de l'émission matinale *Sans maquillage*, réalisation de Pierre LeBlanc. Malheureusement, la date d'échéance arrive et l'inspiration tarde. Antonine ne sait pas quoi écrire. Pour boucher un trou, Antonine écrit deux textes de *La Sagouine* : La Mort et Nouël, en espérant retrouver l'inspiration la prochaine fois, car ce personnage, qu'elle porte en elle depuis si longtemps, est réservé pour quelque chose de grand plus tard.

Tel qu'établi dans la convention de ce programme diffusé à neuf heures chaque matin, les textes sont lus par un animateur de Radio-Canada pendant deux semaines de file. Tout à coup les téléphones de Radio-Canada commencent à rougir : les auditeurs réclament d'autres chapitres de cette Sagouine. Voici soudainement et sans avertissement que les Acadiennes et les Acadiens embarquent dans le destin de *La Sagouine*. Et dans le temps, c'était tout un exploit que de pouvoir ramasser son courage pour oser parler à Radio-Canada, car on nous chantait sur tous les toits qu'on *parlait mal*. Mais cette fois-ci, c'est urgent; il faut faire comprendre qu'on veut entendre d'autres épisodes de cette Sagouine. *Dis à Tonine qu'on en veut d'autres; c'est ben, ben bon!*

Qui sont ces auditeurs de la radio à neuf heures du matin? Ce sont surtout des femmes au foyer qui arrêtaient leurs balayeuses électriques et collaient l'oreille à la radio. Pendant seize semaines, elles auront le privilège unique de participer à la création mondiale de *La Sagouine*. Antonine Maillet, qui laisse le moment présent parler, les écoute très volontiers, et se met à écrire et à lire ses nouveaux textes en suivant le calendrier: La Boune Ânnée pour le Jour de l'an, La Résurrection pour Pâques, Le Printemps avec les premiers symptômes de la fonte des neiges. Les auditeurs sont déchaînés: *C'est extra! On en veut encore!* Depuis le troisième épisode, Antonine lit elle-même ses textes chaque semaine. Elle les écrit et ensuite elle les enregistre sur bobine, car le parler de la Sagouine est indispensable. Tout le monde entre dans le jeu, on lui donne des suggestions, pourquoi pas la vente des bancs? Et un enterrement? Et la loterie?

Au mois de mars, le feu est pris: tout le monde parle de la Sagouine!

Les répercussions de ces exclamations acadiennes se font sentir jusqu'à Montréal. Tout d'un coup les Éditions Leméac prennent conscience de l'évènement et décident d'en faire un livre et de le publier. Il y a du nouveau dans l'air pour Antonine

Maillet : c'est la première fois qu'une maison d'édition lui sollicite un livre. Jusque-là, c'était elle qui devait convaincre les éditeurs de bien vouloir accepter ses œuvres.

Malheureusement, je n'étais pas une de ces auditrices privilégiées ; je n'étais pas présente à cette naissance de *La Sagouine*. Pendant cette année-là, j'étudiais à l'École internationale de théâtre Jacques Lecoq, à Paris. Les lettres des amies me gardaient au courant des dernières écritures de Tonine, mais je n'avais aucun soupçon du destin qui venait de naître. Tonine m'écrivait de temps en temps et me racontait le plaisir qu'elle avait à écrire sa *Sagouine*, semaine après semaine. Au mois de mai, elle m'envoie les textes de *La Sagouine* en me demandant ce que j'en pensais. Assise dans le fauteuil de mon petit appartement sombre du 6e arrondissement, j'ai lu le manuscrit de *La Sagouine* tout haut, car ce texte se lisait des oreilles et non des yeux. Je n'avais aucune idée que cinq ans plus tard j'incarnerais ce même texte sur les planches du Théâtre d'Orsay, en tant qu'invitée de Jean-Louis Barreault et Madeleine Renaud. En plein cœur de Paris, à l'ombre au Jardin du Luxembourg, je faisais résonner la langue de mon père, de mes pères ; j'ai dévoré le texte. Sur le coup, je perds la parole explicative, j'envoie une carte postale à Tonine, avec un seul cri : *Wow ! Viola. P.S. Je t'écrirai plus tard.*

Impossible d'être objective au sujet de ce texte. *La Sagouine*, c'était mon père, ma mère, ma voisine, mes oncles, mes tantes, le curé, la paroisse, mon pays. D'emblée j'étais la Sagouine.

En même temps, Tonine me demande si je n'aimerais pas jouer la Sagouine, entre nous, chez nous, presque en famille, et elle ajoute une phrase au début de son texte, avant la publication : *Pièce pour femme seule*. Ce fut la seule phrase avec laquelle je n'étais pas d'accord. Car à ce moment-là, le théâtre, pour moi, c'était l'action, l'éclatement d'un conflit entre deux êtres ou deux évènements. À la lecture du texte, assise dans ma chaise berceuse, je me sentais directement impliquée comme partenaire de la Sagouine : elle et moi. Elle raconte et moi j'écoute. Nous étions à huis clos ; une conversation profondément intime se déroulait entre nous deux. Je voyais mal qu'on puisse reproduire cette intimité sur la grande scène d'un théâtre, avec des centaines de spectateurs.

Il y avait, en plus, la construction de chaque monologue / dialogue ; écrit pour la radio, chaque *chapitre* devait durer quinze minutes. Le seul lien entre chaque monologue devenait la Sagouine elle-même. Or comment arriver à l'unité scénique ? Comment créer le passage d'un monologue à l'autre ? À cause de ma proximité avec la Sagouine, une des caractéristiques les plus essentielles de ce grand personnage m'échappait : la raconteuse. La Sagouine raconte sa vie, son âme, sa jeunesse, son printemps, sa mort. D'abord et avant tout, la Sagouine parle à quelqu'un, à elle-même, au voisin, à Gapi, au prêtre, aux jeunes, à moi. Et moi j'écoute, ainsi que le voisin, et Gapi, et les autres. Or parler et écouter sont action. La parole est l'expression orale de la pensée; la parole est un fruit; la parole est l'effet extérieur d'une cause intérieure. Antonine Maillet a donné la parole à sa Sagouine, et elle m'invitait à incarner cette parole, à donner chair et os à sa Sagouine. La Sagouine seule était action, était conflit. Tonine avait raison.

Au même moment, Jean-Guy Gagnon, directeur artistique des Feux Chalins, un petit café-théâtre de Moncton, propose de monter *La Sagouine* et m'invite à faire partie de la distribution. En tant que metteur en scène, il conçoit une vision du spectacle à laquelle je ne pouvais adhérer: il y aurait deux personnages en scène, Gapi et sa femme, la Sagouine, et à tour de rôle chacun livrerait un monologue. J'étais tout à fait contre l'idée qu'un même texte puisse être incarné ici par la Sagouine, et là par Gapi. Comment donner l'âme d'une personne à une autre? Et surtout à Gapi? Pour moi, encore aujourd'hui, cela est impossible. Alors le spectacle est remis à plus tard.

Puisque Antonine Maillet avait créé son texte sur les ondes radiophoniques en Acadie, les Éditions Leméac lui proposent de lancer le livre à Moncton. Tonine accepte joyeusement, et tout le quartier se met en branle: de la grande visite! Montréal vient fêter à Moncton. Tout le monde sort les robes longues et les verres à queue. Chaque point du cérémonial est soigneusement et minutieusement établi. Les organisateurs en question se donnent beaucoup de mal pour bien faire les choses. On cherche les règles du jeu, on frotte les planchers, on mire les verres à vin, on envoie des invitations formelles, super formelles, informelles; le tapis rouge-bleu-blanc est déroulé. À un moment donné, Tonine se rend compte que le cérémonial devient très sérieux. Elle m'invite alors à leur jouer un tour, pour rire. J'accepte.

Comme tous les tours en Acadie, il fallait que ce soit une surprise. À mesure que le va-et-vient solennel de l'avant-plan augmentait et battait son plein, une petite séance se dessinait en sourdine dans les coulisses. Pour pouvoir incarner cette Sagouine, je demande à Eugène Gallant, professeur d'art dramatique à l'Université de Moncton, d'être mon metteur en scène, et ensemble on choisit quelques extraits qui pourraient donner un avant-gout du petit livre. Dès le premier moment, et par la suite à chaque fois qu'il fallait sélectionner des bouts de textes, des phrases et des paragraphes d'occasion, ce fut l'embarras du choix. On voulait tout! Alors on décida de butiner à travers tout le petit livre pendant vingt-cinq minutes. Comme des abeilles dans les chardons, les Acadiens n'avaient besoin d'aucun prologue, ou prélude, ou introduction, pour plonger dans *La Sagouine* d'Antonine Maillet.

Entretemps, au lieu de ma robe longue, je cherche des hardes de sagouine: un béret, des espadrilles, un chandail, un tablier, une robe fleurie, des bas courts; et des attirails de sagouine: sacs en plastique vert foncé, époussette, vadrouille, panier en carton, Ajax, torchons. Les répétitions en cachette, dans une salle éloignée de la bibliothèque de l'Université de Moncton, vont tellement bon train que la métamorphose de Viola Léger en la Sagouine commence déjà à pointer imperceptiblement. À la veille du lancement, alors que je répétais pour une dernière fois, un employé de la bibliothèque s'amène par erreur dans la salle, sans que je m'en aperçoive. Je suis en train de vivre des extraits du chapitre La Mort. Sur le coup, il voit une femme qui est très malade et il s'empresse d'avertir le personnel d'appeler un médecin tout de suite, car une pauvre vieille femme se meurt en haut!

Il y a 150 invités: les amis d'Antonine Maillet, les dignitaires acadiens - curés, avocats, médecins, agronomes, professeurs -, la parenté, les représentants des Éditions Leméac, Radio-Canada, l'Université de Moncton, l'Acadie; mais pas - surtout pas - de sagouines! Le tout se déroulera à la bibliothèque de l'Université de Moncton, au deuxième étage. Tous les Acadiens respectables se greyent pour l'occasion. Ce n'est pas souvent qu'on a un lancement de livre à Moncton, on en profite! Au fait, on n'en avait jamais eu...

Tout ce beau monde parle et jase doucement, en se vantant tranquillement, mine de rien, et en sirotant un verre à tcheu avec une cerise qui flotte dessus. On se félicite, on raconte des histoires, on rencontre la visite de Montréal et on essaye de bien faire les choses pour ne pas faire honte à Tonine et à tout le monde. L'Acadie, cet après-midi-là, était sur son 36. Le protocole se déroule sans faille; on aurait dit des professionnels du cérémonial. Au moment prévu, il y aura les discours d'occasion: le président, le vice-président, l'assistant du président, le conseiller, le curé, le recteur, et finalement... Tonine!

Et voilà mon signal.

Comme mise en scène, Eugène Gallant avait proposé que la Sagouine aille verser et *nettoyer* les paniers à rebuts, postés aux quatre coins de la salle; tout simplement vider les déchets dans un sac en plastique vert, les grands sacs GLAD, forts, durables, et surtout, vert foncé! Après cet ouvrage, cette job, je devais épousseter une table au centre, et, au moment du Printemps, je devais - le plus naturellement du monde - courir laver les vitres de la fenêtre. On en avait pour une trentaine de minutes, à peu près, à faire vivre la Sagouine lors de ce lancement de livre. Faute d'invitation officielle, la Sagouine prend chair et os, et vient faire son ménage.

Donc, au signal, Tonine fait son discours. Avec son œil moqueur et son humour piquant, elle salue chaleureusement ce grand évènement tout en commentant l'ironie de la situation qui exige que la seule personne qui n'ait aucune place au lancement, était la Sagouine elle-même, car elle ne serait pas assez bien greyée. Mais tout le monde proteste: bien sûr qu'elle pouvait être là... ça serait très bien... mais oui... Puisque la fête était trop avancée, il n'y avait aucun danger que Sara ou Nélida ou Laurette à Johnny ou la Sainte fassent leur apparition.

Pour tous les Acadiens de Moncton, la *vraie* Sagouine, c'était Carolyne. Tout le monde la connaissait et l'aimait quand *elle gardait sa place*, c'est-à-dire pourvu qu'elle ne se montre pas dans une assemblée honorable. Mais tout ce beau monde est sauf, puisque Carolyne est morte depuis sept ans. D'ailleurs, c'est Tonine et Carolyne qui ont conçu la Sagouine. Trois mois avant sa mort, en 1963, Carolyne raconte à Tonine qu'elle *reste en bas, mais c'est pas là que j'suis née; bien plus haut, avant la guerre, la première... c'est pas la môrt qui m'intchète, c'est c'qui vient après... si y a d'quoi, quoi c'est que c'est, à vous dire... dès demain j'irai ouère le docteur...* Ce jour-là Tonine savait qu'elle écrirait *La Sagouine*. C'est une histoire vraie que je vous raconte...

Pour le moment, revenons au discours de Tonine qui conclut que de toute évidence, la Sagouine n'a pas droit de cité dans une pareille cérémonie. On applaudit longuement et avec fierté notre Tonine à nous autres !

Tout le monde se remet à jaser et à rire un peu plus fort puisqu'on est rendu au deuxième ou troisième verre. Après un moment, c'était à mon tour de prendre la scène. Le plus innocemment du monde, j'entre dans la salle et je me dirige vers le panier à rebuts n° 1. Les invités s'étaient groupés en couples de quatre ou six et on riait très fort; tout semblait être très drôle; tout le monde était de bonne humeur, en ce bel après-midi de la mi-juillet.

Je secoue bruyamment mon sac en plastique

GLAD vert foncé, pour que les déchets se rendent au fond... Le quatuor à côté m'aperçoit, et instinctivement il a un réflexe spontané ; il réagit comme il se doit quand on est gêné : il me jette un coup d'œil fléché d'un *va-t'en !* et puis il m'ignore. *Faisons mine qu'elle n'est pas là... peut-être qu'elle viendra à comprendre... Occupons-nous-en pas... faisons accroire qu'elle n'est pas là... elle s'en ira.*

Et je secoue mon sac encore plus fort, en décidant de trier un peu les déchets au fond... Maintenant ce sont deux quatuors et un quintette qui sont vraiment gênés. *Pour l'amour du ciel, si on ne la renvoie pas, la visite de Montréal va s'en apercevoir... est-ce qu'elle ne peut pas comprendre que ce n'est pas le moment de faire son ménage ?* Et on désigne un messager élu qui m'ordonne de m'en aller, de sortir de ce grand lancement, de laisser faire le ménage pour aujourd'hui. Je jubile intérieurement ! Quand les plus proches, trop mal à l'aise, s'apprêtent à s'approcher de moi, je largue : *J'ai peut-être ben la face nouère pis la peau craquée, ben j'ai les mains blanches, Monsieur !*

Tous les visages se sont illuminés. *La Sagouine* était lancée ! Quand on m'a reconnue, j'ai senti une grosse vague d'amour et de fierté envers cette Sagouine. C'est elle ! C'est notre Sagouine ! La mer et ses roulants de vagues et de sel se mêlaient à la partie. J'ai vu 150 visages éclater de fierté, rayonner de plaisir et de victoire en voyant leur Sagouine. Le souffle coupé, les yeux riant de fierté, les grands invités de l'Acadie m'entourent et m'encerclent pour entendre la Sagouine parler. C'était 150 fois mon père quand il était fier de moi, fier de ses enfants, fier de ses pères. C'était 150 Acadiens qui riaient leur fierté après l'avoir retenue depuis si longtemps, de peur de trop se vanter, de peur que ça nous monte à la tête. Mais ce jour-là, ce moment-là dépassait les bornes et tout le monde était fier comme le plein soleil de cet après-midi chaud de la mi-juillet.

Et je continue ma mise en scène. Mon premier public se colle sur moi pour m'entendre et me laisser vider mes paniers à rebuts en paix. Sur ce plateau de théâtre en rond improvisé, les derniers spectateurs pointent sur leurs orteils et grimpent sur les chaises pour me voir un peu. Mais au bout de sept à huit minutes de jeu et de texte, je fonce dans la foule pour me rendre à mon panier à rebuts n° 2, et miracle! Les derniers sont les premiers! Ayant fini la tournée de mes quatre paniers à rebuts, je me dirige vers la table à épousseter, mais, au grand malheur, au lieu de la poussière, il y a des piles de *La Sagouine*. Nonchalamment, j'en prends un, je frotte la douceur du couvert neuf, j'avise la belle fille, Tonine, sur le dos du livre, je feuillète rapidement et j'annonce officiellement: *Ça, c'est un bon livre!*

Quand j'ai eu fini mes vingt-cinq minutes, on a applaudi à s'en défaire, et on m'a suppliée de jouer cela *pour mon père, ma mère, ma tante, et mon oncle!* Cette proposition faisait quatre fois 150, alors on a décidé de préparer une soirée.

***

La première mondiale du spectacle de La Sagouine fut créée sans fanfare. Pendant quatre mois, Antonine Maillet, Eugène Gallant et moi-même avons ciselé une petite soirée qui aurait lieu au café-théâtre Les Feux Chalins, à Moncton, vers la fin du mois de novembre. Cette création eut lieu pendant nos temps libres puisque chacun gagnait son pain dans l'enseignement : Antonine était professeur en littérature à l'Université Laval, Eugène, professeur d'art dramatique à l'Université de Moncton, et moi, professeur d'art dramatique à l'école secondaire Vanier.

Pour le choix et le montage des textes, Antonine a respecté les règles de toute construction dramatique. D'abord une introduction, Le Métier, et une fin, La Mort. Ensuite, un texte de circonstance. Puisqu'on était à la veille des grandes fêtes, le chapitre Nouël tombait à point. Le Recensement étant le chapitre indispensable et essentiel à *La Sagouine*, il devint le classique par excellence. Pour relancer le spectacle après l'entracte, quoi de mieux que les histoires des Bancs d'église avec cette raconteuse maligne et volubile ? Et finalement, un enchaînement d'extraits qu'on a intitulé *les Maximes* : Les Prêtres, La Guerre, Le Bon Djeu est bon, et Le Printemps.

Rita Scalabrini, peintre et amie d'Antonine Maillet, créa le costume : une petite robe simple en coton jaune-Pâques, un long chandail violet-Pâques, un petit tablier blanc sale, un bonnet orange foncé, des bas courts violet-Pâques et des sabots à la *clog*.

Avec le temps, ce cher petit costume a fait le tour du Monde plus d'une fois.

Quant à la mise en scène, Eugène Gallant est parti de ce que nous avions: rien. La Sagouine est tellement puissante seule qu'on a voté pour l'élimination de tout décor. Seuls les accessoires indispensables au métier de la Sagouine accompagnent le texte. Naturellement, il fallait qu'elle lave le plancher; c'est son métier par excellence. Au début, elle ne pouvait pas se mettre à quatre pattes, car les spectateurs depuis la deuxième rangée jusqu'au fond de la salle en reculant ne pouvaient plus rien voir. Alors le sciau et la moppe furent ses armes pour Le Métier.

Dès qu'on a laissé les planches des Feux Chalins, la Sagouine a pu reprendre sa position de force, à genoux pour mieux voir et entendre et frotter. Pour Nouël, la Sagouine se repose et se prépare pour la grande fête en repassant ses vieilles cartes de Noël, à la lumière de sa lampe à l'huile. Chaque carte allume des souvenirs enfouis dans les soixante-douze Noëls qu'elle a vécus. Pour Le Recensement, Eugène Gallant choisit de lui faire ranger le bois de chauffage. Au début, on n'avait pas encore la barouette, alors la Sagouine entrait en scène en halant sa grosse boite à bois, une boite en carton de Kellogg's cornflakes. À travers une douzaine de grosses buches solides, La Sagouine cherche son identité. La chaise berceuse des Bancs d'église est devenue le symbole de la raconteuse; aucun accessoire n'est plus approprié ni plus stimulant pour réchauffer la mémoire et la langue. La Sagouine se berce et raconte et raconte. Pour *les Maximes*, on a sautillé d'une action à une autre : peler les patates pour le fricot (Les Prêtres et La Guerre), vendre un sciau de coques (Le Bon Djeu est bon) et prendre de l'air frais sur le perron (au début du Printemps). La Sagouine jongle sur la mort en prenant une tasse de thé chez la femme d'en haut. Aux Feux Chalins, puisque c'était un café-théâtre d'une centaine de places, la Sagouine allait prendre sa tasse de thé à une table et échangeait La Mort avec un spectateur. Dès que la Sagouine monte sur une scène traditionnelle, elle prend le thé seule en scène, et monologue avec tous les spectateurs. Et voilà, c'était la mise en scène de *La Sagouine*.

J'ai toujours considéré un éclairage intimiste indispensable au spectacle puisque c'est lui qui m'isole, me transforme et m'éclaire. Je veux qu'on me voie et moi, je veux voir mon partenaire, c'est-à-dire, le voir dans une marée de noir comme le jais absolu, comme lorsqu'on voit parfaitement les yeux fermés. Je parle avec mes yeux ; je pense avec mes yeux ; j'invente avec mes yeux ; je communique avec mes yeux. Un jour, Raymonde Bergeron de *La Presse* m'a soumise à une entrevue merveilleuse par téléphone ; on a parlé pendant deux heures. À la fin, j'étais épuisée à en crever, puisque je ne pouvais pas voir Raymonde.

La lumière me rassure et me sécurise ; elle illumine mon âme pour que les autres puissent y pénétrer.

***

Aux Feux Chalins, la coutume voulait qu'il y ait quatre représentations d'un même spectacle, et c'est là où j'ai joué *La Sagouine* pour la première fois, le 26 novembre 1971. La salle était remplie à craquer. Antonine, entourée de ses parents et amies, frissonnait de trac. Qu'allait devenir son texte transposé en chair et en os ? Est-ce que la Sagouine incarnée verrait le jour en santé, forte, prometteuse de vie ? Quel avenir lui était-il réservé ? Est-ce que la Sagouine pourrait voler de ses propres ailes ? Et où ? Quand ? Comment ? La salle entière réchauffe Tonine, la confiance déborde. On veut la Sagouine, on sait qu'elle est belle, on l'attend avec impatience.

À l'envers du décor, enfouie dans une petite loge improvisée, en train de finir les dernières retouches de mon maquillage, je claque des dents, de froid et de peur. C'est mon trac à moi. Je n'avais jamais monté sur les planches auparavant. Dans les soirées familiales pour m'amuser, oui ; dans mes classes de jeu à l'Université de Boston et chez Jacques Lecoq, oui. Mais du vrai, du professionnel, jamais.

Pourquoi me suis-je embarquée dans cette galère ? Je me sens impuissante à porter cette Sagouine. Comment ai-je osé un jour accepter un tel défi ? Est-ce que je vais incarner une sagouine déformée, infirme, faible, malade ? Comme les douleurs sont atroces ! Pourquoi ? Pourquoi ? Pourtant, elle est en moi et elle veut voir le jour.

Eugène Gallant voit aux dernières vérifications : maquillage complété, accessoires en place, éclairage en stand-by, début dans cinq minutes. On refuse une foule à la porte en leur promettant déjà d'ajouter des représentations supplémentaires. La musique d'ambiance - un montage de reels acadiens - est déjà en marche et tout le monde tape des pieds. Le spectacle de *La Sagouine* est commencé.

Comme toujours, je me rappelle très peu ce qui s'est passé. Quand le feu prend la scène, je me laisse bruler, avec passion et joie ; je me sens infiniment petite. Comme Orphée aux Enfers, plus de retour en arrière ; *sink or swim* m'avait dit un de mes professeurs ! C'est l'éclatement et la plénitude du moment présent qui chavire. Oui, j'aime ça, jouer ! Plus tard, après trois années sur scène avec la Sagouine, je choisirai de devenir une comédienne, de jouer et d'incarner d'autres personnages. Mais n'anticipons pas.

Ma mémoire a quand même retenu quelques incidents cocasses, de ce soir de grande première mondiale. En préparant mes patates pour le fricot, je mets les pelures dans mon tablier, naturellement, mais au moment de partir, en me levant, j'oublie les pelures et elles s'éparpillent par terre. Sur le coup, je ne sais quoi dire ni quoi faire, alors je fixe les yeux sur les pelures. En un éclair, je me revois à douze ans en train de faire une gaucherie et j'entends maman qui m'interpelle : emplâtre ! Alors, à mon tour, je me crie : emplâtre ! et je ramasse mes pelures. Tous les Acadiens et

Acadiennes emplâtrés ont retrouvé une dignité ce soir-là.

À la fin du spectacle, au milieu des applaudissements, on se sent tellement en famille que maman s'avance le plus naturellement du monde et s'en vient m'embrasser, annonçant à tous qu'elle est ma mère. Tout le monde est heureux. Un seul regret plane et chacun en exprime sa version: *Si seulement papa avait pu voir* La Sagouine, *si seulement grand-père et grand-mère vivaient...* On voulait que même les morts voient *La Sagouine*. C'est qu'elle appartient à tout le monde, cette chère Sagouine. Chacun la réclame. Elle est Carolyne; elle est Sara; elle est la voisine d'à côté; elle est la femme de ménage; elle est ma mère. Elle est la sagesse; elle est la dignité; elle est l'espoir; elle est la vie; elle est la lutte; elle est la victoire.

Elle était donc partie, la Sagouine. Vivante, pétillante de santé, solide sur ses pattes, elle avait la démangeaison de laver les planchers du Monde entier. Comme disait Jean-Claude Pichon, les Feux Chalins ont fait mouche. Les billets pour les quatre soirées s'envolent comme des petits pains chauds, et on ajoute quatre autres spectacles, et puis huit, et encore... il n'y avait plus de fin.

La salle était continuellement comble. Inutile de vous dire dans quel état j'étais à la fin de l'année! Tout le monde aime *La Sagouine*. Beaucoup essayent de dénicher de la parenté entre eux et Tonine ou moi, pour se sentir plus proches. Entre nous, en famille, ce n'est pas difficile. Tout le monde a du Léger, du LeBlanc, du Cormier, du Gallant, du Gaudet, du Maillet quelque part dans le sang.

Qui est mon public ? Le jeune de 19 ans assis à côté du prêtre, du fermier, de la maitresse d'école, du médecin, de la femme de ménage, des gens de Radio-Canada ; à côté des gens de l'Université, de la mère de famille, du grand-père, du théologien, de l'agronome, de l'agent d'assurances, du pêcheur, du mineur, du chauffeur de taxi, des vieux, des jeunes, des hippies, des intellectuels, des ignorants, des religieuses, des politiciens, des barbiers, des artistes, des pauvres, des riches, des noirs, des blancs, des indiens, des enfants, des savants, des illettrés, des forts, des faibles, des malades, des boxeurs. Tout le monde se reconnait dans la Sagouine.

Shediac

À la fin du mois de janvier, on invite *La Sagouine* à l'extérieur : à Shediac, à Bouctouche, à Notre-Dame, à Rogersville, et moi, durant ce temps-là, j'enseigne toujours à plein temps. Je crois que notre première sortie à la fin de janvier 1972 fut à Shediac, au foyer des vieux, la Villa de la Providence. C'est la *serveuse sociale* qui a organisé la rencontre. Pour la tournée, nous sommes parrainés par le Centre provincial pour la diffusion de la culture, dont Jean-Guy Gagnon est le directeur. Eugène Gallant m'accompagne toujours avec deux techniciens.

Bon, pour revenir à ma serveuse sociale, faire venir la Sagouine en personne fut tout un exploit pour elle. D'abord, faut dire que j'ai débuté ma tournée avec une malchance : j'ai attrapé la grippe et on a dû remettre le spectacle à une semaine plus tard. Mais quelle bénédiction, puisque tous les vieux et les vieilles se sont mis en prière et ont fait dire des messes pour ma santé !

C'était une organisation majeure ; il fallait devancer l'heure de la messe quotidienne et libérer la chapelle pour la transformer en salle de spectacle, on devait placer les chaises en rang et décider de l'ordre de préséance : les chaises roulantes en avant, les sourds ensuite, et après, les dignitaires retirés, les plus vieux, les moins vieux.

La préparation de l'éclairage et de la salle fut très intéressante. Tandis que les techniciens installaient l'éclairage, un vénérable vieillard acadien, très droit, avec une moustache blanche, bien habillé en chemise blanche et en complet, surveilla l'opération du commencement à la fin, sans dire un mot, les mains derrière le dos, en jonglant surement si on était capable ou non. Son gros bon sens muet nous en apprenait beaucoup.

Pour l'occasion, on a transformé le salon du barbier en loge d'artiste. Tout le monde me parlait comme si j'avais été la voisine de toujours, de l'autre côté du chemin, me demandant si j'étais mieux, et m'assurant des prières, des chapelets et des messes *ad vitam æternam*! En me rendant à ma loge, j'ai traversé la salle de récréation. Au moins dix chaises berceuses, bien rangées, longeaient le mur; elles étaient toutes occupées. Chacun se berçait au rythme de sa jonglerie, l'air content, et j'ai compris pourquoi on avait instinctivement choisi une chaise berceuse pour raconter les histoires de *La Sagouine*.

Beaucoup me trouvaient jeune et me demandaient si je mettais un masque. Faut dire qu'à ce moment-là, un des problèmes majeurs des foyers de vieillards sautait aux yeux: l'âge était presque l'unique critère d'admission et le degré de sénilité n'était pas pris en considération; alors les personnes âgées très alertes et en possession totale de leurs facultés devaient vivre avec ceux qui étaient plus ou moins en enfance, et c'était bien dommage.

Le moment venu pour la séance, chacun a pris sa place, mais non sans la surveillance stricte de la serveuse sociale, car tout le monde voulait être dans la première rangée; et quand je suis rentrée, beaucoup m'envoyaient des *Allo! Comment ça va?*

On avait décidé de ne pas donner ce spectacle en entier, pour ne pas trop retarder le repos des vieillards. On a commencé vers huit heures trente, et à neuf heures pile, toute une cérémonie se met en branle: un homme en chaise roulante, poussée par un compagnon, traverse la scène entière pour s'en aller, et tout le monde s'arrête, se lève ici et là en disant: *Bonsoir Jos!* C'était l'heure de son coucher. Alors, moi aussi j'arrête le spectacle, je suis la procession des yeux et je dis: *Bonsoir Jos!* Et le spectacle peut continuer.

Faut dire que j'étais très gênée de jouer *La Sagouine* devant ces vieux Acadiens, car elle leur appartenait plus qu'à Tonine ou à moi-même, ils la connaissaient mieux que moi, et de mon côté, de par mon métier, je devais essayer de l'incarner. Il ne fallait surtout pas me tromper, car ils me redresseraient.

Par exemple, durant le chapitre des Prêtres, lorsque la Sagouine lance: *Faut pas parler contre les prêtres!* une vieille, flanquée d'un vieux prêtre et d'un monseigneur, se garroche debout et lance à son tour: *Ça, c'est vrai! Ça, c'est vrai!* Je me demandais ce qui se passerait ensuite, mais tout s'est bien déroulé puisqu'on est toujours en accord avec le gros bon sens de la Sagouine. Cette même petite vieille me fournissait des précisions en cours de route. Quand la Sagouine dit: *C'était point gros, un confessionnal. Une boite grousse coume trois cages à houmards,* elle m'annonce solennellement : *Ça c'est un prie-Dieu !* Et elle se rassoit. Si j'avais le malheur de faire une pause un peu trop longue (vous savez, mon intériorité, mes silences), on me soufflait le texte, car tous les Acadiens avaient déjà lu le livre, et quand un vieillard se décide d'avoir de la mémoire, il est infaillible.

Oui, tous les Acadiens ont acheté le livre *La Sagouine*, c'est-à-dire un livre par famille. Pourtant, de tradition, on n'est pas des liseux, on n'a jamais eu de bibliothèque dans les maisons, pas même la Bible (ça, c'était pour les protestants). Naturellement, je parle ici de la grande masse des Acadiens. Quelques-uns, tels les prêtres, la maitresse d'école, l'avocat et le docteur, connaissaient les livres. On donnait un livre comme prix de l'année au meilleur élève, mais ce livre était déposé religieusement sur l'étagère des objets précieux, pour être admiré fièrement. Bien sûr on savait lire la gazette, les lettres de la parenté et le missel. Et surtout, il fallait que les enfants en sachent plus long et apprennent bien à l'école ; et si possible - pour un ou deux au moins -, on les enverrait au collège et au couvent, au pensionnat. Mais vraiment, des livres, une bibliothèque à la maison, non ! Ça coutait cher et ça se déchirait trop facilement, dans les grosses familles.

Chaque famille avait donc sa *Sagouine*. Et c'était devenu une coutume, dans plusieurs maisons, de raccourcir la partie de cartes d'une demi-heure, pour que celui ou celle qui lisait le mieux lise un chapitre tout haut. Et tout le monde s'en retournait chez eux content, en attendant la prochaine partie et le prochain chapitre. Ç'avait presque remplacé le chapelet. Et le prêtre s'est mis à citer *La Sagouine* pour renforcir son prône; et le département de Sociologie la décortique pour mieux comprendre les classes sociales; et les théologiens creusent pour essayer de répondre aux questions de la Sagouine; et les politiciens sourient et sont gênés.

En sortant de l'église, un dimanche, une mère me montre fièrement son enfant d'à peine un an, et lui demande: *Qu'est-ce qu'elle dit, la Sagouine?* Et l'enfant de balbutier, du bout de la langue: *Sacordjé oui!*

Bouctouche

Bouctouche. Ah ben, ça c'était super spécial! Le village même de la Sagouine! Là où la Sagouine était infiniment plus réelle que tout ce que je pouvais prétendre incarner. J'étais très tendue, parce qu'ici je n'avais pas le droit de me tromper ou de tricher. On connaissait la Sagouine plus que moi; on exigerait des explications si j'osais changer un geste. Tonine devrait prouver ou justifier toutes les moindres petites menteries, à moins que je sois tellement forte que je les amène à transcender leur Sagouine. C'était ça le défi, et c'était mon devoir de le relever. Mais il y avait quelque chose de très consolant dans l'air, déjà on aimait la Sagouine, d'avance on était de son côté. Quelques petites exceptions peut-être, du côté des gens d'en haut. Ceux-là étaient encore un peu trop énervés, car ils se reconnaissaient à la description du chapeau et devraient attendre mon deuxième passage à Bouctouche, deux ou trois ans plus tard, avant d'accepter *La Sagouine*. Mais le reste du village jubilait: les gens d'en bas, les vicaires, les professeurs, les femmes de ménage, la parenté, l'agronome, les Michaud, les Maillet, les LeBlanc. Que voulez-vous, ils avaient l'honneur d'être nommés dans le livre de Tonine.

Je crois fermement que c'est un désir secret de chacun de se reconnaitre personnellement dans un livre. À chaque fois que Tonine sort un livre, je dois avouer que je me cherche, mine de rien. Pour le mieux ou pour le pire, je cherche le rôle que vont jouer les Léger, les LeBlanc. Parfois c'est la description physique: ayant un complexe inférieur et supérieur de mon nez, je le retrouve dans chaque rôle majeur. Qu'on l'avoue ou non, il semble que la plus grande joie secrète, c'est de se trouver nommé en personne: la grande Carmélice, l'œil mort de Monique, les *Arvunes*, le père Léopold, Gilbert à François à Étchenne.

À Bouctouche, donc, Tonine et moi avons été confrontées à un problème majeur. Quatre personnes d'en bas vivaient encore: la Sainte, Don l'Orignal, Noume et Laurette à Johnny. Est-ce qu'on devrait changer les noms? La dernière chose au monde que Tonine et moi voulions, c'était de blesser qui que ce soit. *La Sagouine* est le fruit d'un amour infini parce que Tonine avait créé sa Sagouine sans arrière-pensée, sans calcul, sinon le calcul d'aimer raconter des histoires. Tout Acadien bon vivant sait que la moitié du monde rit de l'autre moitié; le danger arrive quand on ne rit plus. Moi, je craignais de changer un nom - ou un mot, quant à ça -, car si on décide d'en ajuster un, il faudra en faire deux, et ensuite 4, et 16, et ça ne finit plus.

J'ai toujours refusé de changer une virgule du texte original de Tonine, car pour moi, il me va comme un gant. Il y a eu quelques petits changements en cours de route, mais c'est Tonine qui les proposait. Alors, on a décidé de ne rien changer. Les gens de Bouctouche avaient du gros bon sens et comprendraient mieux que n'importe qui. Comme de fait, non seulement ils ont compris, mais ils s'empressaient à fournir de nouvelles idées à Tonine, à compléter des images oubliées, et à remercier Tonine, dans un éclat de fierté, de les avoir nommés dans son livre.

Le moment du spectacle venu, la salle était comble. Les derniers arrivés durent s'assoir dans les marches de l'allée. Tonine était accompagnée de Sara, son invitée distinguée.

Sara, c'est notre Sagouine d'aujourd'hui. Elle vit en bas, et Tonine va la voir souvent, car elles sont presque des amies, et aussi, Sara tire les cartes et raconte des histoires. Alors, en ce soir du mois de février, Tonine va chercher Sara et l'amène voir *La Sagouine*. En rentrant, Sara admire la belle salle. C'était la plus belle salle qu'elle avait jamais vue, mais faut dire qu'elle n'en avait jamais vu avant… Tout au long du spectacle, elle chuchote à Tonine ce qui manque : *T'as oublié les ployes ; on faisait des ployes itou*. Assis de l'autre côté de Tonine, c'est l'agronome qui, à un moment donné, explose dans un rire quasi hystérique et lui crie : *Là, tu parles de moi ! Ha ! Ha ! Ha !*

Vraiment, ce qui s'est passé ce soir-là était inoubliable. C'était tellement leur Sagouine, qu'ils comprenaient bien au-delà de mon interprétation ; ils étaient toujours un pas en avant de moi, et souvent ils se tordaient de plaisir, car ils connaissaient Boy à Polyte en personne. S'il y eut une soirée où le public se roulait dans les allées, et tapait des pieds, déchaîné, ce fut cette première rencontre à Bouctouche. Et que dire des moments tragiques? Là c'était le silence de mort, sans pleurs, car ils vivaient leur vie quotidienne. Sur la scène, j'essayais d'être à leur hauteur, de respecter ces gens de Bouctouche qui nous avaient donné ce cadeau. Je me sentais en famille, j'étais l'une des leurs, en leur offrant cette incarnation de la Sagouine. C'était une très belle séance.

Après le spectacle, tout le monde donnait la main à la fille de Léonide (Tonine) et renchérissait sur le spectacle. Sara se trouvait parmi les gens qui se tassaient pour me rencontrer après le spectacle. Je ne savais pas qu'elle et Tonine viendraient me saluer et le premier indice que je reçus fut une forte senteur de Vicks, une très forte senteur de Vicks! Pauvre Sara avait un très gros rhume et s'était protégée en se frottant de Vicks. Durant tout le spectacle, elle dut s'efforcer à ne pas trop tousser, pour ne pas déranger, et à se moucher le plus discrètement possible. Le lendemain *L'Évangéline* publiait: *Sara pleurait à chaudes larmes...*

***

Je dois raconter l'histoire de son manteau.

L'école polyvalente Clément-Cormier - là où on a joué - était renommée dans le temps pour ses difficultés avec le chauffage. Le journal *L'Évangéline* se faisait le porte-parole des plaintes officielles et officieuses de cette belle école neuve, qu'on avait bien de la peine à réchauffer. Tout le monde s'en plaignait; tant d'argent mis dans une telle bâtisse, et on n'arrive pas à la chauffer. Moi, je ne me suis aperçue de rien, puisque sur la scène, je travaille à la sueur de mon front et je n'ai pas le temps de m'apercevoir si j'ai chaud ou froid. En tout cas, après le spectacle, Radio-Canada de Moncton essayait, en vain, depuis une vingtaine de minutes, d'enregistrer quelques mots; question de connaitre mes sentiments envers ce spectacle, au village même de Bouctouche. Enfin, quand la plupart des gens étaient partis, on s'est assis autour d'une table, Tonine, Sara et moi, pour un portrait de famille. Mais Sara parle toujours, même quand c'est mon tour, elle me raconte les derniers exploits de son Georges.

Aussitôt que Sara fit un arrêt pour reprendre son souffle avant de repartir dans une autre histoire, mon intervieweur plante son micro à mon bec, et me demande: *Madame, est-ce qu'on pourrait avoir vos impressions de la soirée?* Et Dieu sait que j'avais l'âme chargée, que j'étais débordée d'émotions, et que cette soirée m'était l'une des plus chères. Alors très solennellement, j'essaye d'exprimer le fond de mon cœur. Sara écoute. *Jouer à Bouctouche, ç'a été pour moi extraordinaire; il y avait une telle communication dans la salle, une telle chaleur...* Mais Sara me coupe tout de suite: *Non, il faisait ben frette; j'ai gardé mon* coat *tout le temps!* J'ai signifié à l'intervieweur que je n'avais plus rien à dire.

Durant tout ce temps-là, il y avait trois jeunes garçons - trois flots, comme on dit en Gaspésie - qui me surveillaient de loin. Les mains dans les poches, manteau sur le dos, ils restaient là et me regardaient d'un œil fixe. Tout le monde était parti, et eux, ils me regardaient toujours, très à l'aise, chez eux, sans dire un mot. Alors, je me suis dit qu'ils étaient peut-être des gens d'en bas; comme de fait. Ils étaient parfaitement chez eux, à tout simplement être là, présents. Je leur ai demandé s'ils avaient aimé le spectacle, s'ils allaient à l'école de Bouctouche. Ils m'ont répondu oui, non. Tout était complet; pas besoin d'explications puisque la force de leur présence dépassait toute parole inutile. Finalement, avant de partir, le plus petit me regarde dans les yeux: *T'as counnu la Sagouine, toi? C'était ma grand-mére.*

Je crois que j'ai donné quatre spectacles à Bouctouche, et chaque soir il y avait du nouveau. J'ai toujours trouvé ça pénible d'être louangée et admirée dans mon rôle de la Sagouine par des sagouines elles-mêmes. Ma gêne vient de ce que moi, c'est mon métier d'incarner cette Sagouine; mais je n'ai pas à subir la même vie dure de sagouine que beaucoup de mes admirateurs et admiratrices. Quand je pars de ma loge pour me rendre sur la scène, au moment du spectacle, et que je dois enfiler les laveuses de planchers qui ne peuvent venir voir le spectacle, car elles ou ils travaillent à ce moment-là, ça fait étrange. C'est que dans mes tournées, j'ai souvent eu à jouer dans des salles d'école, car en dehors des grands centres il n'y a pas de salle de théâtre proprement dite, et dans ces institutions comme bien d'autres, on doit faire le ménage après les classes.

Il y a un contresens de la nature de me voir, tout d'un coup, face à face, comme dans un miroir, d'un côté les laveuses de planchers, appuyées sur leur moppe, le seau à leurs pieds, et qui se rangent pour me faire un passage digne d'une vedette, et de l'autre, moi, déguisée en Sagouine, seau et moppe à la main, je me dirige vers la salle où je donnerai un spectacle. Je n'ai jamais senti d'aigreur de la part de ces sagouins et sagouines qui m'applaudissaient avant même que je monte sur scène, eux qui, encore une fois, n'ont pas les moyens d'assister au spectacle. L'histoire se répète.

Dans ces milieux pleinement humains, le spectacle se produit sur la scène et en dehors de la scène. La Sagouine a toujours suscité et ressuscité les histoires personnelles de chacun. Un autre soir à Bouctouche, mon metteur en scène Eugène Gallant s'est mis à écouter le concierge qui lui racontait d'autres histoires inédites de sagouine, aussi piquantes et passionnantes que celles de Tonine. Et le metteur en scène, sous l'emprise magique de ce raconteur, manqua mon prochain *cue*, et j'ai dû terminer le spectacle seule. Il y avait spectacle des deux côtés de la rampe.

Tout en enseignant le jour, à plein temps, j'acceptais des engagements ici et là. Chaque village se faisait un honneur de recevoir la Sagouine et un déshonneur de ne pas l'avoir reçue. Partout, j'étais accueillie comme une des leurs, mais quelques endroits m'ont particulièrement marquée.

Rogersville

Rogersville est un cœur d'Acadie, car il y en a plusieurs, comme Memramcook et Caraquet. On s'y rendait un beau samedi après-midi ensoleillé, en respirant l'air fraiche du début du printemps. J'ai toujours aimé rouler avec la Sagouine, car elle m'amenait au plus près des gens, sur les côtes, au fond des terres - des concessions -, et là je partageais leur vie coutumière, endimanchée le dimanche et laborieuse durant la semaine. Ce samedi après-midi, en rentrant dans le village, je sentis la forte odeur d'un feu, et en approchant de l'église, on apprend que la grange d'un grand fermier venait de passer au feu. Tout était perdu, le bétail, la machinerie, et pas d'assurances, par-dessus le marché! Le village entier sentait le brulé. À mesure que la salle se remplissait de gens, la conversation s'animait de précisions sur les causes du feu et ses conséquences. On ne pouvait parler que de ça, c'était vraiment le spectacle de la journée.

Comment, maintenant, à mon tour, leur offrir un autre spectacle? *La Sagouine*? Ce soir-là, le spectacle s'est déroulé comme d'habitude, mais on recevait la Sagouine avec une autre oreille, avec une autre odeur mélangée de fumée. Je devais lutter pour essayer d'être de la parenté, d'appartenir à ce village, de comprendre pourquoi tout ne se passait pas comme d'habitude. À la fin, c'est moi qui était boloxée, c'est moi qui ai réalisé que la vie s'interprète d'après les évènements. Bien sûr, on avait aimé *La Sagouine*, mais, à Rogersville, ce soir-là, ça été différent.

Memramcook

Memramcook, un autre cœur d'Acadie. La salle était comble à craquer, et comme à Bouctouche, les gens comprenaient *trop*. Il n'y avait pas moyen d'avancer. Ce que j'aime quand je joue en Acadie, c'est de sentir que la Sagouine et les Acadiens ne font qu'un. Ils ne sont pas des spectateurs ; ils sont dans le spectacle. C'est tellement nous autres, qu'on ne le sait même pas ; on est ; on ne sait pas qu'on est. Par exemple, le fameux accent. Bien chez nous, il n'y en a pas, d'accent. C'est comme ça qu'on parle ; ça ne peut être autrement. Notre mélodie, nos images sont nous ; on ne sait pas qu'on chante en parlant, qu'on parle en images. Ce sont les autres qui nous l'apprennent, c'est assez difficile de se disséquer soi-même. En général, ce phénomène se pratique après la mort, et par les autres.

Je veux vous dire le plaisir que j'ai eu un jour de retrouver la langue acadienne analysée dans un livre, celui de notre vénérable Pascal Poirier, *Le parler franco-acadien et ses origines* (1928). Je retrouvais, écrit dans un livre, que Léger se prononce Légère ; que dans le vieux français, avant les règles de grammaire et l'Académie française, on prononçait tchulotte et non culotte. Naturellement, je n'ai jamais cherché dans un livre pour savoir comment *dire* les phrases de *La Sagouine*. Je ne connaissais que l'acadien jusqu'à l'âge de six ans, étant en exil, comme dirait la Sagouine, car je suis née et j'ai été élevée à

Fitchburg, au Massachusetts, parmi les Acadiens et les Canayens Français. Je n'ai jamais eu accès au *bon* français, au français universitaire et encore moins au français international. Pour moi, le seul français était l'acadien avec lequel je vivais jalousement dans la maison, car partout à l'extérieur, c'était le coup de mort à toute langue autre que l'*American*. Donc, quand j'ai dû emboucher la Sagouine, quand j'ai dû parler, ça n'a vraiment pas été difficile puisque ça ne pouvait être autrement dans la bouche de la Sagouine. Il s'agissait tout simplement de retrouver en moi mon parler d'enfance, mon parler quotidien avec mes parents et la parenté. D'ailleurs tout le monde sait qu'il est quasi-impossible de lire *La Sagouine* sans remuer les lèvres. Il faut entendre la langue pour pouvoir lire le livre.

Tout ça pour vous dire que j'ai eu bien du plaisir à jouer à Memramcook puisqu'on était en famille et qu'on ne savait pas qu'on savait. Ça ne finissait plus, on revivait la vente des bancs d'église à l'ombre même de son clocher, on parlait des prêtres assis à côté des pères du collège Saint-Joseph, on rejouait la séance de Noël du vieux couvent pas loin, on prenait l'autobus de la Sagouine pour se rendre à Moncton, on jouait au bingo, on lavait les places, on avait peur de la mort…

***

Je me permets un à-côté. L'endroit qui a gagné la médaille - parce que le public *comprenait trop* -, ce fut au Club Beauséjour à Moncton. C'était la première fois - et l'unique fois - que je jouais dans un Club: membres seulement, professionnels, huis clos, femmes invitées. Et il y avait de la boisson, naturellement. Bien, ici, c'est vraiment vrai que j'ai cru que le spectacle ne finirait jamais. On a dû avoir deux entractes, il fallait se rendre aux toilettes puisqu'on riait trop, et tout le reste. Et non seulement ça ne finissait plus, mais on en voulait encore! On comprenait jusqu'aux virgules du texte, et puisque l'alcool est reconnu pour faire disparaitre toute inhibition, toute gêne, vous pouvez vous imaginer ce qui s'est passé. Pourtant, je soutiens que malgré - ou à cause de - ce charivari familial, ces Acadiens ont vibré d'une façon très profonde à *La Sagouine*. On sait aussi que par moments l'alcool aide à voir plus clair, à saisir l'essentiel au vif, à vibrer au plus creux de soi-même. Dommage qu'il s'évapore une fois ces moments passés.

Pointe-Sapin

Pointe-Sapin, ah ben là, j'ai aimé ça ! J'y ai passé plusieurs semaines de vacances, devant cette mer infinie, un peu plus rugueuse que celle de Bouctouche, peut-être parce qu'elle est plus au nord, dans le même vent qui a provoqué le terrible naufrage d'Escuminac, dans la baie Sainte-Anne, en 1959. Comme dans tous les villages, on me reçoit comme si j'étais la reine d'Angleterre et on m'offre le meilleur. Dans la salle d'école où je devais jouer, on avait frotté et rangé jusqu'aux tuyaux du plafond. On s'excuse puis on explique que quelques petites choses dans la paroisse ont été dérangées. Par exemple, plusieurs chaises avaient des barreaux cassés, car il y avait eu une petite chicane de paroisse, et le piano avait été défoncé, la salle de maquillage, ma loge – qui, en dehors des séances, servait de morgue – n'était plus en état de me servir. Alors, on m'a offert le deuxième meilleur, la chambre à fournaise ! Il faut que j'avoue que j'ai un certain gout de préparer *La Sagouine* dans une cave ou une chambre à fournaise. Avant le spectacle, je me sens très chez nous dans ces lieux. Il me semble que c'est beaucoup plus facile à devenir la Sagouine, pourvu qu'il fasse chaud, car j'ai toujours des frissons de froid avant le spectacle, et je dois ajouter chandail sur chandail, et il faut dire que de ce côté, j'ai été bien choyée dans la chambre à fournaise.

Ce n'était pas tout ; le dessert est arrivé pendant le chapitre des Bancs d'église. Les chaises cassées et le piano défoncé étaient quelques fruits d'une bagarre royale qui avait eu lieu entre les femmes d'en haut et les femmes d'en bas à propos d'un projet d'initiative local. Tout avait revolé; on s'en était pris à coup de chaises et de poings. Chacun se défendait comme il pouvait. Alors, vous comprenez que quand je me suis mise à raconter le frolic de la vente des bancs, et que *chatchun s'a mis à varger sus son ouasin; dans le temps que je peux le dire, les barreaux des chaises ervoliont, les vitres craquiont et les stâtions du chemin de la croix timbiont sus la tête à Saint-Antoine et à Marie-Reine-des-Cœur*, le sens premier du texte ne semblait pas très éloigné. C'était plus vrai que nature, et pour une fois, je me demandais si le frolic des Bancs d'église de Tonine avait été aussi fort que celui de Pointe-Sapin, quelques jours auparavant. Un texte prend une tournure drôlement vivante quand on se sent assis sur une chaise à barreaux cassés. Non, je le soutiens encore une fois, il n'y a rien dans le texte de *La Sagouine* qui n'est pas vrai ou trop vrai.

Moncton

Un de mes petits bijoux de souvenirs est le petit spectacle offert dans la salle de récréation de la Maison-mère des Religieuses Notre-Dame-du-Sacré-Cœur, à Moncton. Je dis *petit*, car jouant surtout pour les anciennes et les malades, on a décidé de ne présenter qu'une partie du spectacle pour pas que ce soit trop long. On avait frotté, et miré, et épousseté à double tour jusqu'à un haut degré de perfection. C'est dommage, car c'est à la Sagouine de frotter les prélarts; dans de pareils cas, je dois sortir mes atouts de comédienne et faire accroire que le plancher est sale. Faut croire que j'ai réussi, car la Supérieure Générale a pris un fou rire lorsque je me suis acharnée à frotter le plancher à coups désespérés en proclamant *v'là la place la plus crasseuse que j'ai jamais forbie*! Mère Générale revoyait la sainte religieuse qui avait passé son avant-midi à mirer son plancher. Ce fut très touchant, chez les sœurs, d'une façon très spéciale. Elles aussi, elles étaient des Acadiennes pure laine qui avaient tout sacrifié et tant lutté pour se consacrer à notre monde.

D'ailleurs, il existait une affinité très spéciale entre nous. Je me disais que ces saintes religieuses, à la veille de la mort, seraient peut-être offusquées de certaines questions pertinentes de la Sagouine face à la religion, face à l'éternité et face à la mort. Et tout d'un coup, durant le chapitre de La Mort, je vois ces saintes religieuses qui, toute leur vie, ont enseigné les réponses aux questions de l'au-delà, je les vois répéter les mêmes questions de la Sagouine, ses questions sans réponses, se demandant tout haut, elles aussi *si y a de quoi, quoi c'est que c'est à votre dire? Ça serait-i' Djeu possible que je devions encore commencer à souffri' là? J'en avons t-i' pas eu assez? Va-t-i fallouère encore, durant toute l'étarnité que le Bon Djeu amène, geler les pieds du coumencement des Avents à la fin du Carême; manger des fayots réchauffés d'un dimanche à l'autre; vendre tes palourdes, tes coques pis tes mouques de clayon en clayon; porter les hardes de la femme du docteur qui te les doune par charité; pis enterrer tes enfants avant qu'ils ayont les yeux rouverts? Ça serait-i' Djeu possible?*

À la veille de la mort, on dirait qu'il y a plus de questions que de réponses.

Kedgwick

Nous étions rendus au mois de mars et les chemins en Acadie à ce temps-là de l'année n'étaient pas beaux à voir. Les vacances de Pâques s'en viennent et je suggère qu'on suspende les soirées et les fins de semaine et qu'on organise une pleine semaine de tournée, comme pour les professionnels. Je rappelle que Jean-Guy Gagnon, le directeur artistique des Feux Chalins, était aussi directeur du Centre provincial pour la diffusion de la culture. C'est cet organisme qui a pris charge des tournées de *La Sagouine*, et sans le travail acharné et dévoué de Jean-Guy Gagnon, on aurait peut-être manqué le bateau. C'est lui qui nous a ouvert les grandes portes qui nous ont menées sur les scènes professionnelles.

    La semaine de Pâques fut ma première expérience de tournée organisée. Quel plaisir de pouvoir se reposer le matin et non pas se rendre en classe pour 8 h 30 ! Ne pensez pas que je n'aimais pas l'enseignement : j'en raffolais. L'éducation était ma passion et ma profession. J'enseignais depuis quinze ans et je ne pouvais imaginer qu'un jour j'aurais une autre profession. Alors cette semaine de Pâques fut remplie avec quatre spectacles à Drummond, Kedgwick, St-Quentin et Campbellton. On allait parcourir le Nord-Ouest, à 300 milles de Moncton, alors on a fait les valises pour une semaine. La belle vie.

    Dès la première représentation, on annonçait une tempête de neige. Et comme de fait, à la sortie du spectacle, les voitures étaient déjà prises dans presque un pied de neige. On n'a pas pu reprendre la tournée le lendemain, car les routes étaient toutes fermées. On ne devait jouer à St-Quentin que le mardi soir, alors ce n'était pas dramatique. Rendu à St-Quentin, toutefois, on nous apprend que le spectacle ne pourrait avoir lieu parce que malgré le soleil brillant, tous les chemins des concessions étaient bloqués. Le lendemain, en partant pour Kedgwick, on apprend qu'il est impossible de s'y rendre, une section du grand portage n'étant pas encore ouverte. Le deuxième spectacle à l'eau.

Finalement, on a pu se rendre à Kedgwick pour le dernier spectacle, le samedi soir, et heureusement, avec une salle comble, j'ai pu empocher 4 $ pour ma semaine.

Moncton

Les tournées en Acadie ont continué jusqu'à l'été de 1973. Tout rentrait dans une camionnette : le chauffeur-technicien au volant, le deuxième technicien-navigateur à droite, un siège aménagé en arrière pour la comédienne-moi, et derrière nous trois, les valises, l'éclairage, la chaise berceuse, le bout de perron, la barouette, la table pour le thé, les buches, la mappe, le seau, les coques, les sabots, le maquillage, les cartes, les rideaux.

Le grand départ eut lieu au Moncton High School. Je n'aimais pas jouer dans cette salle, car elle était grande, belle, mais trop grande pour *La Sagouine*, au-delà de mille places. La direction de l'école voulait souligner le grand départ, alors la population a été invitée à venir souhaiter bon voyage à la Sagouine. Pour un moment, on a cru qu'on avait peut-être misé un peu haut, car les billets ne se vendaient pas trop rapidement. Le flair de Jean-Guy Gagnon s'est prouvé juste. On oubliait que pour des gens non-initiés aux conventions théâtrales, on n'achète pas son billet d'avance et on ne réserve pas de siège. Pour eux ce sont des cérémonies inutiles ; le soir arrivé, on se hâte de finir la vaisselle et on couche les petits sous la surveillance de la grande sœur, ensuite on part pour la séance.

On a dû retarder le spectacle d'au moins une demi-heure. C'est qu'il y avait foule ! Douze-cents personnes en file indienne pour acheter son billet à l'unique guichet. Même que le spectacle a commencé à l'extérieur puisqu'il fallait bien passer le temps tout en avançant. On chantait, on se moquait des Anglais, on racontait des histoires ; rien de dangereux. Pourtant, la police de Moncton a tout d'un coup eu peur de cette file indienne qui dépassait la cour du Moncton High et filait sur la Mountain Road, en se rendant presque à la rue Botsford. Les pauvres, ils n'avaient jamais entendu parler de *La Sagouine*, même si les francophones de la ville en jubilaient de plaisir depuis presque un an. Alors, ils ont décidé de garder l'œil alerte et d'envoyer des renforts. Vous comprenez que les Acadiens, sans faire de mal à personne, leur en ont donné pour leur argent, t'as-qu'à-ouère !

Ce fut un merveilleux triomphe ! Il parait que même dans une salle de mille places, je peux réussir à faire du théâtre intime. Je sentais ce soir-là le début de la *légende* de la Sagouine. Cette histoire de légende, de mythe m'intriguait. J'avais tout le temps cru que des légendes se fabriquaient avec le temps, avec les années, et avec les générations, et voici que de mon vivant, je participais activement à un phénomène qui a déjà marqué mes contemporains.

Tout le monde chantait au revoir ! Ma valise était prête ; de l'enseignement, je prenais un congé sans solde pour une année. Il fallait amener la Sagouine au monde entier. Dès le début, j'ai toujours cru que je n'avais pas le choix de ne pas répondre à la Sagouine. Je sentais au fond de mes entrailles ce qu'était cette

Sagouine pour les Acadiens. Elle leur appartenait ; je devais l'emmener partout où il y avait des Acadiens, et puisque l'Acadie est un pays sans frontières, sans géographie, je me promenais avec ma valise. Après les Acadiens, ce furent les Québécois, et les Canadiens français, ensuite les Français de France.

Un jour, j'ai réalisé que j'avais un trésor théâtral dans la main, et que le public le voulait. De par mon métier, je n'avais pas le choix de dire non. Un problème surgit quand, au théâtre, on a quelque chose à donner, mais que le public n'en veut pas ; ou bien quand le public veut quelque chose, mais que le théâtre ne peut pas l'offrir. Moi, j'ai quelque chose à donner, et on le réclame. Il fait beau !

Pointe-de-l'Église

La route était remplie de cailloux rudes autant que de petits bijoux. Puisque je ne collectionne pas les cailloux qui font mal aux pieds, je ne partagerai pas les moments difficiles. Ce que je veux vous raconter, ce sont mes trésors. Quand on se promène, comme ça, de village en village, de ville en ville, et en Acadie surtout, presque de poteau de téléphone en poteau de téléphone, on en voit de toutes les couleurs de l'arc-en-ciel. Le plus grand plaisir – et la plus grande fatigue aussi – découle d'être si près des gens, d'être parmi le monde ordinaire, d'être reçu sans cérémonie et à cœur ouvert.

En arrivant à Pointe-de-l'Église, en Nouvelle-Écosse, en plein dimanche après-midi, c'était tellement calme et tranquille qu'on a eu de la difficulté à obtenir des renseignements pour se rendre au collège. Pas un chat dans les rues, des chaises berceuses vides sur les perrons, personne au garage pour nous vendre de l'essence. Pourtant, le soleil brillait de toutes ses forces, et il y avait un beau petit vent. Après avoir klaxonné assez longtemps pour qu'on vienne nous vendre de l'essence, un petit vieux sortit de la maison à toute vitesse, s'excusa un peu, et remplit le réservoir en nous demandant ce qu'on faisait sur le chemin une pareille journée.

Arrivés au collège, même scénario, pas un chat en vue. Après un moment, un concierge vint nous saluer à toute vitesse, disant qu'on pouvait s'installer dans la salle et que les organisateurs viendraient nous rejoindre après quatre heures. Avant qu'il disparaisse, on s'assure qu'on ne s'est pas trompés, que c'est bien ce soir le spectacle. Ah oui, c'était bien ça, mais pas avant quatre heures. Il nous fit comprendre que ça devait être très pénible pour nous de travailler cet après-midi-là. Ce qui se passait ? Ce dimanche après-midi de septembre 1972, Pointe-de-l'Église, la Baie Sainte-Marie et le Monde entier étaient assis devant la télévision à regarder la première partie de hockey entre la Russie et le Canada.

Quand quatre heures ont sonné, tout le village a repris vie. On nous a salués chaleureusement en nous souhaitant la bienvenue et en s'assurant que rien ne nous manquait. Tout le monde s'empressait à nous rendre service, à courir pour trouver une lampe qui manquait, à préparer les chaises pour la soirée. Déjà, à 4 h 05, on s'est excusé et on nous a prévenus que les gens n'étaient pas habitués à venir au théâtre et qu'il n'y aurait peut-être pas beaucoup de monde. À cinq heures, les organisateurs étaient plus optimistes : d'après le dernier bulletin de nouvelles recueilli dans les rues et sur les perrons des logis, il pourrait y venir 200 personnes. À six heures, l'organisateur-chef donne l'ordre de ramasser toutes les chaises disponibles dans le collège : on attend plus de 400 personnes ! À huit heures, on retarde le spectacle en essayant de récolter d'autres chaises, et on vend 200 places debout : *La Sagouine* répétait l'exploit de la partie de hockey Russie-Canada, le village entier s'était mobilisé.

Il y avait du monde partout, dans les allées, sur la scène, sur les marches du plateau, en avant, en arrière, dans les aires. Et encore une fois, ce furent trois heures d'invraisemblance, c'est-à-dire, plus vrai que la réalité. Les gens s'identifient à la Sagouine au point de croire que j'invente du texte juste pour eux.

Par exemple, les fameuses *Concessions*. Sur la route, avant d'arriver à Pointe-de-l'Église, une enseigne routière en grosses lettres vertes indique : Concessions. Je me sentais en terrain connu puisque la Sagouine situe les plus bas qu'elle dans les concessions ! Mais quinze minutes avant le lever du rideau, un haut placé du village, ayant déjà vu le spectacle, juge qu'il faudrait faire attention et ne pas blesser les gens de la région. Alors il vient m'avertir en toute charité, qu'il y avait une région voisine qui s'appelait Concessions, et que ce serait peut-être mieux de ne pas nommer ce village puisque la Sagouine en parle d'une façon assez péjorative. Mais moi, justement, je ne trouvais pas que c'était péjoratif, c'était tellement réel, c'était tout simplement la moitié du monde qui rit de l'autre moitié. Et j'ai décidé de ne rien changer du chapitre de Noël.

Comme de fait, arrivée à Concessions, j'ai cru que le toit me tombait sur la tête avec le coup de rire qui a éclaté dans la salle. Encore une fois, on voulait être reconnu et avoir l'honneur d'être nommé dans une histoire. Le concierge qui vérifiait les portes, ce soir-là, me disait comment ça, c'était une bonne pièce, *parce qu'on avait tout compris*.

New Waterford

Il me semble qu'on a dû rouler au moins 250 milles pour se rendre à New Waterford, en Nouvelle-Écosse. Ça ne finissait plus, et on dirait que le paysage était beaucoup moins beau. On était dans un pays de mines de charbon. J'avais joué la veille et on avait dû se lever assez tôt. J'étais presque trop fatiguée pour faire un tel voyage afin de jouer dans un si petit village. Il ne faut quand même pas abuser du dévouement et de la consécration au métier. Mais voilà, pas de retour en arrière ; on était attendus pour 8 h 30 ce soir-là.

Les gens qui nous ont reçus étaient très sympathiques ; on aurait dit de la parenté. Ils nous ont baillé la main chaleureusement en essayant de nous dire comment fiers ils étaient qu'on soit venus les visiter. Mais comme tout bon *acadjiens*, ils s'excusaient de ne pouvoir nous recevoir comme il faut. La salle était très petite, et les gens du milieu n'étant pas habitués au théâtre, il n'y aurait peut-être pas plus de 25 personnes.

J'ai failli m'évanouir ! Tout ce voyage-là pour une poignée de monde, il y a des limites quand même ! La salle se trouvait au sous-sol d'une taverne, genre salle de danse, avec une toute petite estrade dans le coin, un triangle d'à peine un pied de hauteur. Ah ben, c'est la vie ; allons-y.

Deux heures avant le spectacle, les premiers spectateurs arrivent. Je regarde ma montre... c'était bien ça. Je me suis dit que c'était un non-sens, que les gens seraient trop fatigués avant même que le spectacle commence. Dix minutes plus tard, encore deux ou trois personnes ; et ainsi de suite pendant les deux prochaines heures. Dès les premières rencontres, on aurait dit que c'était les grandes retrouvailles. Tout le monde connaissait tout le monde, on s'informait des enfants, on commentait les rhumatismes du vieux Bâsile, on défrichetait la politique, on s'échangeait les dernières histoires. C'est qu'ici, à New Waterford, aller au théâtre était une fête de famille, une fête de village. Et venir au spectacle deux heures avant pour rencontrer tout le monde faisait partie du spectacle. Presque 150 personnes sont venues, et les 25 personnes qui avaient acheté leurs billets d'avance – les gens instruits, les professeurs, les gens de Radio-Canada – ont dû prendre les dernières places, car ils sont arrivés à l'heure convenue, soit une dizaine de minutes avant le spectacle.

Mon cœur se réchauffait très vite. Je savais que la Sagouine serait l'une des femmes du village, qu'elle sortirait sur leur perron. Comme de fait, puisque la scène était si petite et presque au même niveau que les spectateurs, c'est comme s'il n'y avait absolument aucune distance. Ces hommes et ces femmes des mines de charbon connaissaient la Sagouine mieux que moi. Ils appuyaient et secondaient tous ses commentaires : *t'as raison ; c'est ça, contez-i ça ; astheure t'as lavé assez, er'pose-toi une p'tit élan ; ben, moi, je t'amènerai au docteur* ! Et justement, à la fin du spectacle, une femme voulait absolument que je voie à mon mal de ventre, et elle insistait pour m'amener *sus l'docteur*. Moi, c'est pas compliqué, j'étais bouleversée de pouvoir atteindre le fond des cœurs à ce point-là, de pouvoir côtoyer leur courage, leur bravoure. La sagesse des gens ordinaires est un bijou rare dans notre métier.

Le bouquet fut pendant l'applaudissement final. Ces gens étaient tellement heureux de leur soirée qu'ils applaudissaient comme des enfants. Tout d'un coup, un gros homme fort – je l'ai toujours appelé *mon boxeur* – enjambe l'estrade et me serre la main, sans arrêt, en faisant un discours improvisé, au nom de tout le monde: *Marci beaucoup! marci! marci ben! on a toute aimé ça; c'était une ben belle histoire; on est ben fiers que t'as venue chez nous; marci beaucoup!* Ce fut mon plus beau bouquet de roses.

Arichat

À Arichat, partout où on regardait, il y avait de l'eau, on aurait dit que le village était un mini Mille-Îles. C'est là qu'une sagouine qui lavait la place pour le spectacle m'a demandé, en apprenant que c'était moi qui *jouait*, si je jouais de la guitare, ou du violon, ou du piano, ou de l'accordéon. Quand je lui répondis que je jouais la Sagouine, elle ne comprit rien et demanda avec encore plus d'insistance: *Qu'est-ce que tu joues? Chantes-tu?* Et je lui expliquai que je parlais pendant deux heures. Mais là, elle me regarde avec incrédulité et me dit: *Tu joues rien!?*

Chéticamp

Chéticamp, c'est comme Memramcook et Rogersville, c'est un des cœurs de l'Acadie. La plus grande salle où je pouvais jouer était le gymnase de la polyvalente. Ce soir-là elle était comble. Comme d'habitude, ma loge se trouvait au fin fond de la salle puisque je rentrais d'en arrière. Quand les dernières lumières de la salle furent éteintes, les enfants se sont mis à crier de plaisir dans la noirceur, exactement comme s'ils étaient au cinéma, et à mesure que j'avançais dans l'allée vers la scène, on applaudissait avec encore plus de plaisir en criant: Carol Burnett! Carol Burnett! Je me demandais ce qui se passerait ce soir-là... Bien, faut dire que chez les gens simples, on sait vibrer à l'humour et à la tragédie en même temps; c'était un silence de mort dans cette salle aux moments les plus tragiques, et on riait à s'en fendre les côtes et on gloussait de plaisir à l'humour de la Sagouine.

Abrams Village

Un autre endroit où le village entier est venu voir *La Sagouine* est Abrams Village sur l'Île. En principe, je préférais qu'on n'invite pas les enfants de moins de seize ans à venir au spectacle de *La Sagouine*. Ce n'était pas une question de censure, mais je trouvais que des enfants étaient trop jeunes pour participer à un spectacle pour femme seule, un spectacle dépouillé, sans décors et sans costumes, et je trouvais qu'ils étaient trop jeunes pour saisir l'impact social, religieux et politique de *La Sagouine*. Avant l'âge de seize ans, on rêve de s'évader de chez soi, et non pas d'y trouver Le Printemps de *La Sagouine*.

À Abrams Village, les enfants de moins de seize ans sont venus avec leurs parents, car si on sort, on sort tout le monde. Les enfants se sont tous assis dans les huit premières rangées, et moi, tout le long du spectacle, je faisais du babysitting en essayant d'apprivoiser les enfants pour atteindre les parents. La Sagouine triompha ! La vie est paradoxale par bouts : autant j'ai besoin d'isolement complet pour arriver à toucher les cœurs, autant je peux les toucher dans une ambiance la plus naturelle qui soit.

Fredericton

Shippagan, Lamèque, Beresford, Caraquet, Tracadie, Bathurst, Dalhousie, Saint-Jean, Fredericton. C'était rendu que ne pas présenter *La Sagouine* au moins une fois dans une paroisse était un véritable déshonneur pour celle-ci ! Et le plaisir – et la fatigue aussi – que j'ai eu à parcourir les routes cahotées pour conduire *La Sagouine* partout ! Déjà, on commençait à préciser que c'était la *vraie* Sagouine qui s'en venait ! On racontait qui était *la* Sagouine en attendant que j'arrive : la partie de cartes, les barils de clous, la séance de Noël, le prône du haut de la chaire, sur l'estrade du festival de la poutine râpée, des coques, des patates, des pétoncles, de la bonne humeur, du homard, des rameurs, des Acadiens, du Frolic, du bingo, de la tourbe !

Chaque endroit se sentait privilégié, car il se trouvait toujours au moins une phrase ou un incident qui lui appartenait encore plus qu'au village voisin. À Shippagan, il y avait une vraie *femme à Dominique* qui était en même temps *la femme du docteur* !

Dans la très petite salle paroissiale de Sainte-Anne, à Fredericton, tous les politiciens et les fonctionnaires francophones de notre capitale anglaise se rassemblaient, presque en caucus, pour entendre le propos politique de *La Sagouine*. Tous les partis s'y trouvaient côte à côte : les bleus, les rouges, les élus, les battus, le pouvoir, l'opposition, l'indépendant, les citoyens à part entière et les citoyens à part *entchére*. J'ai toujours craint les capitales politiques de peur de souligner avec trop de plaisir malin les propos politiques de *La Sagouine*.

Encore une fois, je dois faire mon discours comme si j'étais dans ma cour d'en arrière, même si je suis en vérité sur les *estrades électorales*. Quelle récompense personnelle de voir nos chers politiciens se composer de leur mieux, le visage serein et les pieds entortillés en face de cette Sagouine qui huche à qui veut l'entendre qu'elle va *le dire au gouvernement*! À Fredericton, au-delà de la politique, j'ai vu les Michaud, Robichaud, Simard, Daigle, Leblanc, Richard et Léger se serrer les coudes de fierté, se lever et faire le signe de la victoire en face de cette nouvelle compatriote élue.

Pourtant, l'estrade était toute petite, fabriquée pour l'occasion. N'ayant pas de coulisses, mon metteur en scène Eugène Gallant venait me chercher et me conduisait hors scène au moment des blackouts. Je deviens vieille quand j'incarne la Sagouine, je vis mes 85 ans, mes 105 ans. Et puisque la Sagouine a vécu la misère, je suis courbée, mais pas la tête basse. Jamais. Je trébuche au moindre obstacle, mais je ne tombe pas. Mon régisseur doit absolument me respecter en tant que vieille qui vit dans son monde. Quand j'incarne la Sagouine, on ne doit pas m'approcher en tant que Viola Léger, je ne raisonne plus pareil, j'ai un autre rythme. Je suis dans un autre monde. Je vis dans mon corps de 80 ans, avec mon œil et ma mémoire de 105 ans.

Le Québec
1972-1973

Québec

Notre passage à l'Université Laval allait être prophétique, dans le sens où ce qui s'y est passé allait se répéter plus tard partout au Québec. Les rumeurs du balayage de *La Sagouine* en Acadie se rendaient jusqu'à la ville de Québec. Déjà, les Québécois qui travaillaient en Acadie, soit à Radio-Canada, soit à l'Université de Moncton, ou qui occupaient d'autres postes, étaient bouleversés et nous suppliaient à leur tour de jouer *La Sagouine* au Québec pour *leur père, leur mère, leur tante et leur oncle*. L'Histoire radotait.

Antonine Maillet enseignait à l'Université Laval dans le temps, et on a décidé d'aller visiter les Québécois. J'avoue que j'étais remplie de craintes. Est-ce qu'on va comprendre la langue de la Sagouine? Est-ce que c'est assez professionnel? Est-ce que je peux affronter un public averti, un public qui s'attend à du grand théâtre? J'ai toujours été convaincue que c'était du très grand théâtre, mais je ne pouvais me voir et me juger. J'ai toujours craint ne pas être à la hauteur de *La Sagouine*, mais il y avait quelqu'un de plus fort que moi: le public et Antonine. Tous les deux avaient une confiance totale en mon talent. Le public, lui, ne se posait pas de questions, il était bouleversé et ne pouvait s'imaginer que ce pût être autrement. Quand je voyais qui était mon public, je me disais qu'ils ne pouvaient pas se tromper, puisque côte à côte, il y avait les spécialistes et les gens ordinaires. Pour moi, mon public est sacré, il est mon partenaire. Contrairement au théâtre proprement dit, les spectateurs sont dans le spectacle avec moi, ils ne sont pas des observateurs, ils sont vraiment mes partenaires. D'ailleurs chaque paragraphe du spectacle est adressé à quelqu'un de très précis. Je l'ai toujours proclamé : la Sagouine ne peut pas parler à un public, à un auditoire, la Sagouine ne peut *faire* du théâtre.

C'est pourquoi je me suis toujours défendue face au concept de monologue. *La Sagouine* n'est pas un monologue, c'est un dialogue. Le personnage parle à quelqu'un de très précis, à Gapi, la Sainte, la *serveuse sociale*, au père Léopold, à sa voisine Laurette à Johnny. En tant que comédienne, je transpose ces personnages, ils deviennent ma tante Sara, la mère à Anita, le vendeur du petit magasin, mon oncle Thomas. Et le moment magique de l'art théâtral se produit à la troisième transposition, chaque spectateur devenant mon voisin, ma tante Sara, la serveuse sociale, le prêtre, Gapi. La Sagouine n'irait jamais sur la scène, sur un plateau, pour raconter ses histoires. Elle les raconte à son monde, elle déverse son âme à la personne la plus proche d'elle, à celle qui veut l'entendre, à celle qui lui donne confiance. Les autres sont des étrangers, et on ne raconte pas son âme à qui veut l'entendre.

La Sagouine dit : *Ben, moi, je le dirai au gouvernement*, mais jamais elle ne partirait dire ça à Fredericton. Elle dit ça dans sa cour d'en arrière, à son voisin, en étendant son linge sur la corde. Elle dit ça à Joe l'Orignal assis sur un baril de clous au petit magasin du coin. Elle dit ça au milieu d'une partie de cartes, en coupant avec l'atout comme un coup de marteau. Mais quand le politicien se présente, elle sait que bleu ou rouge, ça sera pareil, que rien ne changera pour les pauvres, qu'il veut son vote coute que coute. Alors elle choisit la partie sure, elle lui donne une grosse poignée de main avec le sourire, pour ensuite voir *son portrait dans la gazette*.

Antonine Maillet a mis sur scène toutes les conversations que le public refuse d'écouter dans les cours d'en arrière, sur les planchers sales, dans les maisons des pauvres. J'ai toujours prétendu qu'Antonine Maillet nous avait beaucoup aimés, qu'elle nous a laissés entrer chez elle par la porte d'en arrière. En Acadie, dans nos maisons, la porte d'en arrière n'est accessible qu'aux membres de la famille, même les voisins les plus proches y ont rarement accès. C'est là où on garroche tous les déchets, surtout quand la visite arrive par la grande porte d'en avant, naturellement. La cour d'en arrière n'est jamais ouverte aux étrangers, ça serait vraiment scandaleux. Quand on reçoit du monde, on se redresse, on montre notre plus beau, on époussète. L'Acadie reçoit ses voisins, même par la porte d'en arrière, ce qui est un grand honneur puisque les voisins sont traités comme un membre de la famille. Et quand le public sent cette relation, il frémit, car c'est pareil comme s'il était chez lui.

À l'Université Laval, je disais donc que ça avait

été prophétique. Les spectateurs ont été bouche bée et bouleversés de rencontrer un personnage aussi vrai sur scène. Et encore une fois l'invitation était lancée, il fallait jouer au Québec. Mais n'arrive pas qui veut sur les grandes scènes de Montréal. Nous étions totalement inconnus, et il y avait encore du chemin à faire.

Détour à Saskatoon

C'est à partir du mois de mai 1972 qu'on s'est mis à faire des pas de géant. Nous avons été invités au Festival national Théâtre Canada 1972 afin de représenter le Nouveau-Brunswick à Saskatoon, en Saskatchewan. Théâtre Canada remplaçait le vénérable Dominion Drama Festival et devenait une foire où les meilleures troupes de chaque région pouvaient échanger sur leurs travaux en présence d'animateurs professionnels. Même si ce festival était bilingue, nous étions les seuls francophones puisque le Québec n'y participait pas, ayant ses propres institutions, surtout l'ACTA. Alors vous comprenez que la Sagouine n'était pas bien grosse dans ses souliers, mais elle était fière.

Parmi les animateurs se trouvaient Yvon Dufour et Roland Laroche, de Montréal. Nous étions inconnus et la façon dont on annonçait le spectacle tuait tout enthousiasme : une pièce de deux heures pour femme seule, sans décors. Les animateurs spécialistes ont assisté à *La Sagouine* d'Antonine Maillet. Les deux sont bouleversés. Roland Laroche est furieux à l'intermission, ayant vécu le chapitre du Recensement ; Yvon Dufour pleure royalement en essayant de formuler ses commentaires officiels, à la fin du spectacle. Au fin fond des bois de la Saskatchewan, la Sagouine huchait son message à une salle à demi pleine, dont les deux tiers étaient anglophones. On avait même failli annuler le spectacle parce que c'était en français et qu'il n'y aurait pas de public. Saskatoon demeure une de mes expériences uniques comme comédienne. J'ai senti les deux tiers d'une salle d'Anglais vibrer avec la Sagouine sans comprendre sa langue. Ce jour-là, j'ai compris qu'on pouvait tout, et j'ai eu la joie de recueillir un de mes plus beaux témoignages. Une vieille dame anglaise de Victoria, qui ne comprenait pas un mot français, me dit qu'elle a été éblouie, que ce fut une expérience religieuse pour elle, et que *La Sagouine*, c'est une tasse de thé. Quand on sait toute la portée d'une *cup of tea* pour une dame anglaise, ça devient, en fait, un geste religieux.

Roland Laroche et Yvon Dufour ont crié au génie ; il fallait absolument que ça rentre à Montréal. Le lendemain, dans l'avion, timidement écrasée entre ces deux grands professionnels, je leur demandai pourquoi *La Sagouine* était un phénomène, et Yvon de m'expliquer qu'il y avait concordance, une rencontre avec des éléments extrêmement rares : un chef-d'œuvre et une interprète qui lui va comme un gant, qui passent au bon moment, et qui produisent un éclair.

À partir de ce jour, je savais qu'on jouerait à Montréal.

Sherbrooke

Encore une fois, Jean-Guy Gagnon réussit à nous exposer aux plus grands lors du colloque de Sherbrooke en juin 1972. Nous savions mesurer la portée d'un succès à ce colloque, c'est-à-dire une tournée à travers le Québec, et peut-être même une tournée transcanadienne.

Le soir où nous devions jouer n'était vraiment pas en notre faveur, car les participants au colloque commençaient à ressentir une saturation des meilleures pièces, ils en voyaient jusqu'à trois ou quatre par jour, depuis maintenant quatre jours. Ce soir-là, on annonçait une pièce pour femme seule à 20 h 30. Franchement... Beaucoup de participants n'en pouvaient plus et ont décidé de se satisfaire de l'opinion des plus courageux, des irréductibles et des infatigables. Seulement la moitié d'une salle, et encore là, le public se tassait près de la porte, par discrétion. Les jeunes, eux, se sont flanqués dans les premières rangées, hotdogs et chips à la bouche. Que voulez-vous, le dernier spectacle venait à peine de finir, il fallait quand même survivre, et de toute façon, une pièce pour femme seule... Le public était venu quand même, à cause des rumeurs. Tout le monde parlait de *La Sagouine* avant de l'avoir vue. Notre plus grande publicité a toujours été le bouche-à-oreille.

Dans cette salle fatiguée, je sentais les fusils braqués sur moi : *tu feras mieux d'être bonne, prouve-le, on en a vu d'autres*. Et c'est comme ça que dans cette atmosphère presque rebelle, au son croquant des chips, je suis sortie de la salle en huchant *j'ai p'être ben la face nouère pis la peau craquée, ben j'ai les mains blanches, monsieur!* Tout le monde s'est senti à l'aise, et j'ai pu reposer ces pauvres directeurs de théâtre, assoiffés de dépouillement et de vérité. J'ai vécu cette passion de toucher les cœurs par la dignité, la noblesse d'âme, et la grandeur spirituelle de la Sagouine. À l'entracte, des spectateurs téléphonaient aux collègues absents de faire vite et de venir voir au moins la deuxième partie. À la fin du spectacle, le public était envouté, bouleversé.

L'explosion de *La Sagouine* au Québec venait d'avoir lieu.

Montréal

Le hasard a fait qu'en cours de route j'ai rencontré une dame qui lisait dans les mains. Fascinée par mes lignes, elle m'annonça qu'une troisième carrière, très longue, venait de commencer.

Roland Laroche était présent à Sherbrooke, pour tâter le pouls du public québécois. Il était convaincu que *La Sagouine* devait se produire à Montréal dès l'automne. Roland Laroche était le directeur du Centre des auteurs dramatiques. Depuis plusieurs années déjà, le CEAD était aux aguets pour découvrir et promouvoir de nouveaux auteurs dramatiques, et on organisait des lectures publiques d'œuvres québécoises. Je crois qu'il y avait eu une lecture de *La Sagouine* interprétée par Monique Joly, alors on avait déjà connaissance du texte. Comme dans toutes négociations, plusieurs approches furent tentées auprès du Théâtre populaire du Québec, du Théâtre de Quat'sous et du Théâtre du Rideau Vert. Puisqu'aucun des directeurs n'avait vu la pièce, il fallait agir avec prudence. Quant aux tournées, Jean-Guy Gagnon en avait plein les mains suite aux demandes provenant du Colloque de Sherbrooke. Après de longs pourparlers de part et d'autre, c'est le Rideau Vert qui reçut le trophée.

En 1972, j'avais déjà interprété la Sagouine plus de quarante fois et je connaissais les conditions les plus favorables, soit une petite salle ou une salle moyenne avec 500 places au maximum, une salle où on peut me voir et m'entendre. Puisque *La Sagouine* était inconnue des professionnels, le Théâtre du Rideau Vert nous offrit les quatre lundis de relâche du mois d'octobre, à titre d'essai. Personnellement, je préférais entrer chez les professionnels sur le bout des pieds, car c'était à mon tour de frémir en me voyant seule sur la scène.

***

Il faut dire que je ne connaissais absolument rien du milieu du théâtre professionnel. Pas par ignorance crasse, mais plutôt par manque d'expérience. Que voulez-vous, je vivais pleinement dans le monde de l'enseignement, de l'éducation, et de l'art dramatique parascolaire. Je n'avais surtout pas le temps de suivre les téléromans et encore moins les journaux à potins. Au maximum, je regardais les téléthéâtres et le téléjournal, et naturellement les grands films – heureusement qu'ils passaient durant la nuit. Alors, en pratique, j'étais venue à confondre certains faits élémentaires ; par exemple je connaissais un peu la grande comédienne Yvette Brind'Amour, et je savais qu'elle était propriétaire d'un théâtre, mais je croyais qu'elle venait d'Ottawa. J'avais confondu le Théâtre du Rideau Vert et le Canal Rideau. Faut quand même avouer que ce n'est pas grave !

J'ai rencontré mesdames Yvette Brind'Amour et Mercedes Palomino, directrices du Rideau Vert, trois jours avant la première, lors d'un déjeuner en compagnie d'une dizaine de personnes directement impliquées dans *La Sagouine* : entre autres Jean-Guy Gagnon, Roland Laroche, Eugène Gallant, Rita Scalabrini et surtout, naturellement, Antonine Maillet. Pendant un long moment, la conversation fut très animée, mais non pas dans le sens des affaires ; j'arrivais d'une tournée chez les Acadiens de l'Île-du-Prince-Édouard et de la Nouvelle-Écosse, et je ne tarissais pas d'histoires à raconter. Tout au long du repas, je revivais mes expériences là-bas, il fallait absolument que Tonine les entende puisque c'est sa Sagouine qui les avait provoquées. J'ai ainsi rencontré mon premier public montréalais. Tout le monde à table était captivé, et les yeux de mesdames Yvette Brind'Amour et Mercedes Palomino pétillaient. Sans le savoir, je venais de réussir ma première audition.

Ce premier lundi de relâche, celui du 9 octobre 1972, comment vous dire... ? On dirait que je perds la parole face à ce moment unique. Mon trac de ce soir-là était tout à fait éparpillé, et je n'ai pu me ressaisir qu'en m'obligeant à oublier que j'étais à Montréal, et en imaginant que je continuais ma promenade chez les Acadiens. J'ai décidé que je ne changerais pas un iota du spectacle, même si je savais que j'avais à affronter la grande critique professionnelle. Je voulais leur offrir le même spectacle dépouillé que les Acadiens eux-mêmes avaient fabriqué en m'applaudissant copieusement.

Alors, je me suis recroquevillée dans mon monde, et j'ai décidé de laver la place du Rideau Vert.

***

La salle était comble, à la grande surprise des directrices du théâtre. On avait même dû récupérer les billets qui avaient été distribués à tout hasard, comme ça, pour s'assurer qu'il y aurait au moins quelques personnes ce soir-là. Même Antonine Maillet et Rita Scalabrini n'ont pu trouver une place qu'à l'avant-dernière rangée. Que voulez-vous ? En plus des critiques professionnels qui devaient s'astreindre à assister à un spectacle un jour de relâche, et des curieux qui avaient ouï-dire d'un spectacle étrange, il y avait l'armée d'Acadiens vivant à Montréal. Ils se sont déchaînés pour enfin voir le spectacle dont *leur père, leur mère, leur oncle et leur tante* parlaient tant depuis un an dans toutes les lettres, les souhaits de fêtes et les appels interurbains. Moi, je jouais pour les Québécois, et ils étaient là. Ils ont tout simplement pris *La Sagouine* d'assaut. Ce fut le délire et l'extase face à cette pauvre femme de chez nous qui ne voulait que laver la place du Rideau Vert.

Que s'est-il passé en moi durant le spectacle ? Je ne sais pas, car lorsque je joue, le temps s'arrête. C'est comme si je me faisais anesthésier, le spectacle commence, et il finit. Il m'est très difficile de me rappeler mon souffle et ma passion sur scène. Tout ce que je sais, c'est que je dois lutter sans arrêt pour être présente chaque *split second* où je suis en scène, que je dois incarner cette Sagouine au point où je n'en suis pas consciente, qu'il n'y a pas de retour en arrière, *sink or swim*, que je dois respecter mon partenaire – mon public – et être aux aguets : chaque mouvement de sa respiration, de son attention, de son émotion est entre mes mains. Je dois à la fois le guider et le suivre. C'est l'amour.

Les applaudissements au rideau final ne sont que la confirmation de ce qui se produit durant ces deux heures de spectacle. Je suis consciente du moment où le public embarque avec moi ; parfois ça prend cinq minutes, rarement plus de dix. Ce jour-là, le tonnerre d'applaudissements final m'a bien fait plaisir ; je savais qu'on avait réussi *La Sagouine* à Montréal, quoi qu'en dise la critique officielle. La salle entière s'est garrochée debout, on criait bravo, on n'arrêtait plus d'applaudir et moi, dans un profond salut jusqu'à terre, je disais merci, j'étais très contente.

Je voulais tellement offrir *La Sagouine* au Monde entier. C'était parti. Le Québec nous retrouvait ou nous découvrait. On lui avait ouvert la porte d'en arrière et il était entré. Maintenant on pouvait prendre le thé ensemble, on pouvait se bercer ensemble sur le perron à nous échanger nos histoires, on pouvait rire ensemble et pleurer ensemble, car on se ressemble étrangement. On s'est mis à se découvrir de la parenté, et à proclamer qu'on était plus que des cousins. Depuis cette entrée professionnelle triomphale à Montréal, les Québécois et les Acadiens n'ont pas cessé de se parler et de se chanter.

Après le spectacle, Yvette Brind'Amour me conduit dans sa loge pour recevoir les spectateurs venus m'embrasser après le spectacle. J'étais assez gênée, car c'était une très belle loge, tout en velours doré, et moi j'étais en guenilles jaune pâle et toute trempée de transpiration. J'ai laissé les chaises rembourrées pour mes invités et je me suis assise sur une belle petite table. Un à un, on me serrait la main, souvent sans dire un mot, mais en me regardant fixement dans les yeux, leurs yeux baignés d'eau. Il y avait même de mes plus proches amis qui m'ont fait la surprise d'être montés de Moncton pour venir nous soutenir, Tonine et moi. Ce soir-là, Mercedes Palomino nous offrait de jouer *La Sagouine* l'année suivante, pendant six semaines, du 8 mars au 14 avril 1973.

Le lendemain de la veille, je n'avais qu'une préoccupation et une peur : les journaux. J'avais décidé dans mon for intérieur que je ne les lirais pas si elles étaient négatives, car n'étant pas *professionnelle*, je craignais d'être abattue et de ne pouvoir faire les trois autres lundis de relâche. Toutefois, la tentation était trop forte lorsque j'étais au kiosque des journaux, et je décidai de simplement jeter un coup d'œil aux titres des articles. Si c'était positif, j'achèterais le journal, sinon, j'essaierais de tout oublier.

J'ai acheté quatre journaux. Martial Dassylva applaudissait dans *La Presse* : *Et nous autres je clappions des mains*. Laurence Sabbath exultait dans *The Montreal Star* : *La Sagouine: A triumph of Live Theatre*, et Jack Kapica s'étonnait dans *The Gazette* :

La Sagouine : A tough play well done.
    Enfin, Claude Jasmin rapportait dans *le Journal de Montréal* que *Viola Léger triomphe au Rideau Vert.*

***

Si j'en ai lavé, des planchers ! Au moins 700 rien qu'au Rideau Vert, à force de frotter au même endroit plus de 150 fois, les belles planches de bois de pin sont devenues blanches, blanches, blanches. Quand j'arrive sur un plateau, la première chose que je fais, c'est me mettre à quatre pattes pour *gouter* mon plancher, c'est-à-dire, pour laver un petit coin afin de savoir ce à quoi j'aurai affaire ce soir-là. Par exemple, est-ce que c'est du bois qui boit beaucoup d'eau ? Est-ce qu'il est verni ? Quand je frotte avec la brosse, quel est le rythme, le bruit ? Est-ce qu'il faudra savonner plus d'une fois ? Et le rinçage, combien de fois ? Mon plancher favori est celui en grosses planches épaisses solides, celui qui boit beaucoup d'eau et que je peux frotter énergiquement. Je déteste les planchers reluisants d'avance, sans égratignures et sans vie.

Je me permets une parenthèse. Une fois, au studio du Centre National des Arts à Ottawa, j'avais négligé de *gouter* mon plancher avant le spectacle. J'étais dans un haut lieu professionnel, et en voyant le beau plancher noir, c'était inutile et exagéré de faire le test. Bien, ce soir-là – soirée de première –, le premier coup de brosse sur le beau plancher noir fut la baguette magique qui transforma l'eau en mélasse. À genoux, devant ma mare d'eau, je me débattais comme je pouvais, plus je frottais, plus c'était épais, et noir, et collant; j'en avais jusqu'aux coudes. Comment laver un plancher qui n'en est pas un ? Il y avait une toile peinte sur le plancher, et plus je la frottais plus je la salissais. Le lendemain soir, je vous assure que j'ai retrouvé le vrai plancher, sous la toile.

Lyster

Faire une tournée au Québec est un privilège et j'ai eu cette chance. Toutes les portes se sont ouvertes, les portes d'en avant et les portes d'en arrière. Et pour me rendre de porte en porte, j'ai traversé les Laurentides et le parc de La Vérendrye. J'ai été éblouie devant les mille lacs et j'ai eu peur sur les routes couvertes de verglas de La Tuque à Trois-Rivières. La Gaspésie m'a fait m'ennuyer de chez nous. La Beauce, le Saguenay-Lac-Saint-Jean, le bas du fleuve, l'Abitibi, la Côte-Nord, les Cantons de l'Est, la Mauricie, la Matapédia, l'Outaouais. C'est presque inconcevable que je ne sois pas allée ni à la Baie-James ni aux Îles-de-la-Madeleine.

Un des points culminants au Québec fut Lyster. Personne aux postes d'essence ne pouvait nous indiquer exactement où le petit village à une cinquantaine de milles de Québec se trouvait. Enfin, on y arrive en plein soleil d'un dimanche avant-midi. Tout est reluisant, chaque maison est d'un blanc immaculé. Les fleurs décorent les parterres et les champs, les banderoles et les drapeaux volent dans le vent du mois de mai. C'est clair que c'est Fête. Les organisateurs locaux nous apprennent que Lyster fêtait le centenaire de la paroisse en 1974 et on voulait *La Sagouine* à tout prix! Les célébrations du centenaire avaient débuté le 1er janvier et se termineraient le 31 décembre: 365 jours de fête perpétuelle. On avait déjà organisé des concours pour rénover tous les devants de portes; on avait des parades avec chars allégoriques au moins une fois par mois; il y avait des reines de festivals, des bingos paroissiaux, des soupers Dames-de-Sainte-Anne, des parties de hockey mineur, de baseball intermédiaire, de golf majeur, des séances, des danses, du sport, des aubaines. Chaque fibre de Lyster vibrait cette année-là.

Après la dernière messe dominicale, en ce beau dimanche du mois de mai, le village entier se mit en branle pour accueillir *La Sagouine*. On avait prévu et organisé cette journée depuis des mois et chacun y participait selon son métier. Le curé déposa solennellement le Saint Sacrement dans la sacristie, les marguillers dépouillèrent le sanctuaire comme si c'était Vendredi saint, les menuisiers se mirent à bâtir l'estrade pour le spectacle en pleine église paroissiale. Tout l'après-midi, cette ruche d'abeilles bourdonnait d'excitation et d'anticipation. Les électriciens branchaient et multipliaient le courant, les Enfants-de-Marie numérotaient les bancs comme si c'était la Place des Arts de Montréal, les enfants-tout-purs taillaient les billets, les charpentiers construisaient le plateau, les couturières fabriquaient des rideaux de scènes, les peintres peinturaient, les médecins guérissaient, les concierges frottaient. Personne ne chômait. Arrivé le soir, au moment du spectacle, je me demandais si ma performance pouvait atteindre la hauteur de ce qui s'était passé cette journée-là.

Sept-Îles

À Sept-Îles, pour me rendre chez mon public je voyageais surtout en camionnette. À l'occasion, il y avait eu aussi l'avion, le bateau, l'autobus, le traversier, la Cadillac, le train. Il ne faisait pas très beau à Hauterive, et le matin, la radio de Baie-Comeau nous avertissait de ne pas prendre la route couverte d'un pouce de verglas. Mes braves techniciens ont quand même décidé d'entreprendre le périple, *the show must go on*! C'était une journée splendide, avec un soleil qui miroitait sur le chemin et les arbres à nous aveugler. Il faisait un frette de chien, alors le soleil n'arrivait pas à faire fondre le verglas et même les camions ne parvenaient pas à saler les routes. Plusieurs fois, on a dû pousser le camion pour le remettre au milieu du chemin, et pendant quatre heures de route, on avançait à tâtons, pour enfin apercevoir un petit hôtel à Franklin, à 25 milles du point de départ. Inutile de vous dire qu'on n'irait pas plus loin.

Le petit hôtel était presque déjà complet avec des camionneurs. Installée au foyer en bas, je me suis mise à imaginer le plaisir que nous aurions à jouer *La Sagouine* entre nous ce soir-là. Tout le monde voulait un rôle: Gapi, la Sainte et Don l'Orignal, Frank à Thiophie, Antoine à Calixte et Laurette à Johnny, la femme du docteur. Pendant mes rêves Francis Pelletier, le régisseur, avertissait M. Senneterre à Sept-Îles qu'on ne pouvait pas s'y rendre, qu'il était impossible de parcourir cent milles sur la glace. Mais Sept-Îles ne voulait pas en entendre parler, tous les billets disponibles avaient été vendus dans l'espace de trois heures et on nous attendait depuis trois semaines.

Alors l'état-major de Sept-Îles prit la décision de nous envoyer un hélicoptère !

On a décidé d'apporter l'essentiel, c'est-à-dire la petite équipe du spectacle et quelques accessoires qui ne prenaient pas trop de place, les cartes de Noël, la lampe à l'huile. Il faudrait trouver la chaise berceuse, les buches, la table sur les lieux. On a quand même décidé d'essayer d'apporter la barouette. L'hélicoptère a atterri sur une côte, alors on a roulé la barouette sur la côte de verglas ; mais au moment de partir, il a fallu la laisser là, car il n'y avait pas de place. Et nous voilà dans les airs, à survoler la Côte-Nord, en route vers Sept-Îles, comme le père Noël.

J'ai été reçue comme si j'étais la reine d'Angleterre, encore une fois. On m'a escortée à l'hôtel, on m'a offert les meilleurs plats du pays, on m'a baladée dans la voiture du maire, on ne pouvait pas en faire assez, et tout ça sur une épaisse couche de verglas ! Après la réception, le soir, le maire et les invités m'ont invitée au restaurant. Vers deux heures du matin, alors qu'il n'y a pas un chat dans les rues, le maire s'arrête au feu rouge, tel que prescrit, mais nous annonce qu'à cette heure du matin on pouvait surement passer le feu rouge. Aussitôt des gyrophares se sont mis à clignoter derrière nous...

Le Saguenay, l'Abitibi

La tournée, c'est ça : les crevaisons, la glace, les tempêtes, les piqueniques, les restaurants, les entrevues. Une bonne fois, au fin fond du Québec, on s'est arrêtés prendre de l'essence et on croise Gilles Vigneault en personne avec toute son équipe ! Ils étaient en route vers le nord et nous, on en revenait. Alors, comme tous les routiers professionnels, on s'est raconté nos plus grosses histoires de route, en prévenant Gilles et compagnie des plus gros cahots à éviter et des détours à venir.

Le Saguenay-Lac-Saint-Jean est un beau coin. C'est la région qui nous offrait les plus belles salles de spectacle, comme l'auditorium Dufour, l'auditorium de Jonquière, ma salle favorite, et celui d'Alma. À Chicoutimi, j'ai dû jouer pour les étudiants, et les professeurs exigeaient une période de questions, alors je n'ai pas pu donner tout le spectacle. Je me sentais amputée ; j'avais accouché de la moitié de *La Sagouine*. J'ai toujours été contre la période de questions. Il me semble que du théâtre, ce doit être une expérience, un moment vécu, des émotions éveillées. Bien sûr que c'est intellectuel aussi, analytique, mais très souvent la plus grande analyse coupe toute parole. On est tellement touché qu'on ne peut pas parler, qu'on ne veut pas parler. Et surtout lorsque la discussion est programmée, commandée par les professeurs, là, je ne marche plus. Mais bon, on a eu une belle discussion au sujet du spectacle.

Les tournées en Abitibi doivent toujours être planifiées avec soin, car on ne peut pas y retourner toutes les deux semaines. Il faut prévoir au moins deux jours pour s'y rendre et s'y installer, selon le moment de l'année, l'état des routes et la température. Un jour, on s'est bel et bien faits prendre; personne ne pensait que le gros hiver pouvait nous tomber dessus en plein début du mois de novembre. Voilà nos pneus d'été en train de patiner sur la glace et la neige en Abitibi. Le voyage pour s'y rendre est toujours excitant, car il faut traverser tout le Québec et surtout le fameux parc de La Vérendrye. On se sent en piquenique, on chante tout le long de la route, pour passer le temps; on joue aux échecs en déterrant de vieilles histoires; on arrête s'allonger un peu; on dort. On change de chauffeur, on s'abreuve des beautés de la nature. Le voyage est beau et interminable.

Arrivés à Val d'Or, c'est une sagouine qui m'attend. Elle était là depuis deux heures, mais elle voulait absolument voir la Sagouine, car elle prétendait la connaitre. Elle disait même l'avoir bercée sur ses genoux. En me voyant, elle est confondue: *C'est-i toi Tonine? C'est moi qu'était la servante chez vous quand tu étais toute petite.* C'est que Nélida ne voyait qu'un seul personnage: la Sagouine. Pour elle, l'auteure et l'interprète et le personnage n'étaient qu'une seule et même chose: la Sagouine. Cette confusion, je l'ai souvent observée chez les gens simples pour qui il n'y a aucune distinction.

Nélida s'est émoyée de la parenté et de tout ce qui se passait à Bouctouche. Ça faisait plus de quinze ans qu'elle était en Abitibi, et des fois, elle s'ennuie. *Surtout le printemps! Quand je vois les outardes... ça me fait ennuyer... j'aime bien ça par icitte... l'hiver, ça passe vite... mais le printemps... c'est malaisé d'expliquer... ça me fait ennuyer...*

Et j'entends Nélida me réciter, me raconter, sans le savoir, le texte précis du Printemps de *La Sagouine*.

Cet après-midi-là, à Rouyn, j'ai pris mon lunch habituel, une petite soupe et mon éternel sandwich laitue-tomate. Quand je joue le soir, je suis un régime rigide: petit déjeuner léger assez tard, puisque je me couche et me lève tard; le lunch encore très léger vers les deux ou trois heures; ensuite trois heures de préparation pour le spectacle, dont une heure d'exercices physiques; enfin le vrai repas après le spectacle. Ma grande relaxation vient toujours après le spectacle, je suis libre comme le vent à ce moment-là, c'est comme si tout était accompli. Alors je bois, je mange, je chante, je parle, je danse, toute la nuit, et quand je me couche, une grande fatigue bienfaisante m'accapare, et je dors comme un ange.

Quant à la soupe, ce midi-là, il faut croire qu'elle n'était pas à point. Je ne m'en étais pas aperçue, mais vers quatre heures, je me sentais drôle. Je me suis couchée à cinq heures, question de me reposer. Par prévention, à cinq heures et demie, on fait venir le médecin qui m'apporte les médicaments nécessaires pour être en forme à huit heures. À six heures, je suis malade comme un chien et on me transporte à l'hôpital. Les billets étaient vendus depuis des semaines, et je ne pouvais pas croire qu'il faudrait annuler le spectacle. Le médecin prescrit une intraveineuse et demanda qu'on repousse le spectacle d'une heure au cas où ça irait mieux vers les huit heures. Rendue là, j'étais encore très malade, mais j'ai pris la décision d'entreprendre le spectacle, et d'offrir au public autant de chapitres que je pouvais, on verrait à mesure. Le médecin le permettait à condition de revenir à l'hôpital pour continuer l'intraveineuse tout de suite après.

Toute l'équipe hors scène était sur le qui-vive : un médecin, une infirmière, les techniciens avec bassins et serviettes, des couvertures sur le plancher en guise de lit, le régisseur en *stand-by alert* et surveillant chacun de mes mouvements sur scène, prêt à faire tomber le rideau au moindre signe d'alarme. Et moi, je riais, car après mes crises d'indigestion aiguë – sinon d'empoisonnement –, je me sentais faible, mais soulagée pour une vingtaine de minutes, à peu près, jusqu'à la prochaine crise. C'est comme ça que j'avais l'intention de donner le spectacle, entre mes crises. Le public, lui, ne se doutait de rien. En attendant le spectacle, les gens se sont mis à chanter les tounes à Vigneault en tapant des pieds et des mains. Ce soir-là, j'ai pu donner cinq chapitres sur six. Un chapitre fut écourté, mais le public ne s'en est pas aperçu, tandis que moi, je me soulageais violemment dans les coulisses, entourée de l'infirmière et du médecin, le public tonnait de rires et d'applaudissements pour ce qui venait de se passer sur scène. C'est seulement au moment du salut qu'on a compris que j'étais malade, car je n'ai pas pu faire les saluts ce soir-là ; j'étais déjà en route vers l'hôpital pour finir l'intraveineuse.

***

Il fallait reprendre la route pour Amos. On est parti le plus tard possible pour que je puisse me reposer, le spectacle étant prévu pour neuf heures du soir, dans l'église. À ma grande surprise, j'appris qu'il y avait un mariage à huit heures et que le curé ne permettait pas qu'on transforme le sanctuaire en plateau de scène avant les cérémonies. Par conséquent, impossible de placer la chaise berceuse et la barouette dans ce lieu. Je refusais de faire accroire que le sanctuaire était ma cabane, la cabane de la Sagouine. Je trouvais que c'était un sacrilège des deux côtés : du côté de Dieu et du côté de la Sagouine. Alors j'ai pris la décision – en accord avec Agathe Auger, représentant les Productions Pierre Parent –, d'improviser une nouvelle mise en scène pour cette occasion particulière. La Sagouine ne serait pas chez elle, dans sa cabane, mais dans le sanctuaire de l'église de Bouctouche ou d'Amos.

J'ai voulu employer toutes les richesses d'une sagouine dans un sanctuaire. De prime abord, j'ai exclu tout ce qui était en or ou blanc immaculé :

une sagouine n'aurait pas le droit de toucher aux vases sacrés, ni aux ornements dorés, ni aux nappes blanches de l'autel. C'était la responsabilité de la sœur sacristine. Mais il y avait du travail en masse pour une sagouine dans le sanctuaire. J'imaginais la Sagouine sous la direction du bedeau ou de la sœur et c'est comme ça que le spectacle s'est déroulé.

Pour l'ouverture, La Boune Ânnée, la Sagouine traine de grosses boites de la sacristie au sanctuaire et là, confortablement accroupie sur la marche de la Sainte Table, elle déballe les boites. C'est le début de l'avent, et la sœur lui a demandé de préparer la crèche. Elle doit sortir les grosses statues des boites, les nettoyer et les épousseter pour que la sœur et le bedeau puissent ensuite monter la crèche. Alors voilà la Sagouine au milieu des brebis, de Saint-Joseph, des anges, de l'âne et du bœuf, de la Vierge et des Mages, en train de raconter que ce fut *une ben boune ânnée*. On a quand même préféré que je ne touche pas le petit Jésus, car il était très beau, tout en dentelles, avec un beau sourire et des petits doigts en cire. Moi aussi, je trouvais que la Sagouine n'aurait surement pas eu droit à l'Enfant-Jésus. Seule la sœur avait ce privilège.

Trouver un élément dans le sanctuaire qui provoquerait le chapitre de La Guerre était beaucoup plus difficile. Tout le monde s'est mis de la partie, on regarde sur les tapis, sous les chaises, dans les armoires, derrière les vitrines, les petites tables, les grosses tables, les bancs, et l'orgue qui se trouvait en arrière, dans le sanctuaire. Tout d'un coup, un des techniciens découvre sur l'orgue une plaque de métal avec cette inscription: *À la douce mémoire de nos chers disparus durant la Guerre de 1914-1918 et de 1939-1945; que Dieu ait leur âme.* La mise en scène de La Guerre était trouvée. Mine de rien, la Sagouine époussète le sanctuaire, entre autres, l'orgue. Arrivée à la petite plaque, elle la lit tout haut et enchaine: *Par chance qu'i a eu la guerre!* Et la voilà partie pour vingt minutes en époussetant son orgue et son sanctuaire.

Pour Le Recensement, la Sagouine nettoie le plancher du sanctuaire avec sa vadrouille et ses moppes. Après l'entracte, il fallait trouver une excuse pour raconter La Loterie, une autre mise en scène délicate. Comment raconter l'histoire de Jos à Polyte dans le sanctuaire? Tout en explorant le sanctuaire et la sacristie pour découvrir du matériel utilisable, j'ai remarqué les belles fougères. Quand on y pense, c'est difficile de concevoir une église catholique romaine sans fougère. Tout d'un coup, j'ai eu l'idée de mettre une grosse fougère sur un piédestal d'un côté de l'autel, et de l'autre, j'ai placé un piédestal sans rien dessus; toujours la symétrie. Après l'entracte, à la levée des lumières, on entend la Sagouine hucher d'en arrière de l'église: *Jos à Polyte vient de gagner la loterie! Ouais! sûr coume je suis icitte... c'est Jos qu'a rapporté le gros lot!* Toute essoufflée, la tête perdue dans la grosse fougère, la Sagouine court d'excitation dans la grande allée, la deuxième fougère dans les bras, et qu'elle vient déposer sur le piédestal à côté de l'autel après s'être arrêtée ici et là. Une fois son souffle repris, la Sagouine s'installe avec son couteau et son linge huilé et se met à nettoyer les lampions, une autre job pour une sagouine.

Quoi de plus simple que d'arroser toutes les plantes et tous les pots de fleurs dans l'église au moment du Printemps, il y en a toujours pour au moins quinze minutes! Mais, ce soir-là, mon chapitre favori fut La Résurrection. La Sagouine s'est installée en haut de la chaire de l'église, et avec son *push-push*, elle devait polir et faire reluire les petits anges en bois. Devant 700 fidèles bien rangés, dans une église remplie à craquer, la Sagouine frotte de toutes ses forces et se met à réfléchir tout haut et à faire l'un des plus puissants sermons sur La Résurrection. Je défie la Sainte Église catholique romaine de répondre aux questions bouleversantes de la Sagouine. C'est le chapitre théologique par excellence.

***

Peu importe où j'ai joué *La Sagouine* c'est incroyable les compliments que j'ai reçus à l'égard de l'aspect physique du personnage. Pourtant, je n'ai jamais vraiment étudié en détail les gestes des personnes âgées. Je veux que mon corps se possède totalement, jusqu'au bout des ongles. Je dois pouvoir saisir la partie du corps qui est la source de l'être du personnage que je dois incarner. Je dois pouvoir isoler cette source et me concentrer sur cette partie du corps, pour que tous les autres gestes arrivent par surcroit. Pour la Sagouine, c'est son ventre: la source de ses enfants, de son pain, de sa lutte, de sa mort. Si j'arrive à parler et à créer à partir de mon ventre, je sais que tout le reste de mon corps prend sa place naturelle: courbature, tête haute, genoux pliés, doigts arthritiques, yeux à pic, visage fixe, bouche nerveuse, pieds trainants. Le public n'aperçoit que le surcroit, que ce qui déborde; il me souligne que tel geste est tellement juste, pourtant moi, je ne sais même pas que je le fais.

***

Un jour, arrivée au chapitre du Printemps, je m'y installe comme d'habitude, cramponnée à la rampe, et je crie de joie: *Ah, ben Sainte-Mére-de-Jésus-Christ! Regardez-moi ça à matin! Gapi! Viens ouère, Gapi!* En appelant Gapi, je me précipite vers le bout de rampe qui tout à coup se trouve appuyée contre une porte sur laquelle est écrite *Gents*. Tout le monde était certain que Gapi était aux toilettes et qu'il allait en sortir dans quelque temps.

Cher Gapi, il m'a souvent volé le show! Partout on s'informe de sa santé et de son travail; on veut le voir. Même mes techniciens m'ont suppliée de les laisser hucher un *ouais!* des coulisses quand je l'appelle, ou au moins d'envoyer un éternuement à fracasser l'air, de temps en temps. Alors je dis aux voisines spectatrices : *C'est pas un sorteux !* Si Gapi était là, il me couperait surement la parole quand je vais un peu trop loin. C'est lui qui me permet de dire ce qu'il n'est pas permis de dire ; c'est lui qui exprime mes doutes, mes contradictions face à la société, à la politique, à la religion. Les Acadiens me félicitent dans la rue en me demandant *Comment va Gapi ?* sans s'informer de la Sagouine. C'est un des plus beaux compliments que je puisse recevoir.

***

Autre parenthèse. J'ai déjà joué sur une petite estrade dans une galerie d'art où j'ai eu la chance de me ressourcer et de me nourrir, car il y avait une exposition de créations gigantesques. La beauté des formes géantes – surtout un téléphone –, la découverte et l'émerveillement dans un tel espace ont frappé mon imagination et mes sens. J'ai eu la chance de rester à l'exposition pendant plusieurs heures, afin de me tremper dans une atmosphère d'objets démesurés et de découvertes. Les sensations qui m'ont imprégnée pendant ces heures-là ont refait surface pendant que je jouais.

C'est la seule façon pour moi de revivre *La Sagouine* comme si c'était pour la première fois. Je revis des images fortes, des émotions fortes vécues en cours de route, pendant les tournées. Je suis convaincue qu'un comédien peut prendre l'habitude de la concentration profonde aussi facilement et d'une façon aussi déterminante qu'il peut prendre l'habitude des trucs du métier. Pour moi, c'est ma job et mon devoir d'être libre de toute distraction, d'être présente à 100 %, de me métamorphoser aussi totalement que je peux. Naturellement, la perfection absolue n'existe pas, mais je peux honnêtement avouer que j'exige de moi-même une concentration quasi absolue.

Pour *La Sagouine* il n'y a pas de demi-mesure, c'est tout ou rien. Jouer à la Sagouine ne marcherait pas. On doit la devenir, l'incarner, autrement on n'y croit pas.

L'Europe
1973-1976

Paris

Le grand feu d'artifice qui avait éclaté à l'occasion de la première du spectacle à Montréal a eu des retombées jusqu'en Europe. À l'automne de 1973, *La Sagouine* traverse l'Atlantique pour la première fois.

Le nouveau gouvernement conservateur du Nouveau-Brunswick et son premier ministre, Monsieur Richard Hatfield, se rendent à Paris pour stimuler les relations politiques et économiques entre la France et le Nouveau-Brunswick. Quoi de plus propice, comme cadeau à la France, que *La Sagouine*! Au lieu du diner d'État traditionnel au Quai d'Orsay, M. Hatfield offre une soirée de théâtre au Centre culturel canadien. Tout d'un coup, la fanfare gouvernementale du Nouveau-Brunswick trompète pour sa minorité francophone et ses Acadiens. Antonine Maillet et moi-même sommes très conscientes qu'on profite de *La Sagouine* pour s'attirer les bonnes grâces de Paris, mais nous sommes également convaincues que *La Sagouine* pourrait être plus forte que toutes les relations politiques et économiques imaginables.

Flanquée d'un côté de M. Hatfield, premier ministre, et de l'autre, de M. Jean-Maurice Simard, ministre des Finances, et entourée de toute la délégation officielle du gouvernement du Nouveau-Brunswick, Antonine Maillet, ce soir de première à Paris, prenait sa revanche sur l'Histoire de l'Acadie. Cette délégation honorable entendait la Sagouine hucher aux quatre vents sa pauvreté dans une société de riches, son dépaysement dans son propre pays, sa citoyenneté à part entchère moins grande que celle des citoyens à part entière. Tout l'impact politique de *La Sagouine* résonnait avec fracas dans les oreilles des distingués invités.

Mais avant tout, ce cadeau officiel de *La Sagouine* était offert pour la première fois aux Français de France. C'était un terrain inconnu, non défriché. Après la conquête spontanée de l'Acadie et du Québec, on se demandait ce que le public français nous réserverait. Est-ce que la France reconnaitrait et accepterait la Sagouine comme une des leurs ? Est-ce qu'on se souviendrait de cette Acadie engloutie en Amérique depuis plus de trois siècles ? La France étant *la France*, et Paris étant devenu le nombril des Français, est-ce qu'on se souviendrait des ancêtres et des racines du 17e siècle ? Avec crainte et tremblement, je largue la Sagouine en plein cœur de Paris. Pour moi, le dépaysement fut si grand que je trébuche dès la première phrase : *J'ai peut-être ben la face nouère et la peau craquée, mais j'ai les mains blanches, monsieur !* Traquée par la peur, un étourdissement et une nausée m'envahissent. C'est la première fois depuis au-delà d'une centaine de représentations que je me suis vraiment sentie malade de trac. Mais une fois sous les feux de la rampe, la bataille est commencée et il faut la gagner à tout prix ! Aucun retour en arrière, aucune reprise, *sink or swim*. Je resserre les cordeaux de mon cheval, et je fonce, j'ai les mains blanches parce que j'ai eu les mains dans l'eau toute ma vie. Et je pars à la conquête des Français de France.

Un silence sacré et vivant plane dans toute la salle. Attentifs jusqu'à l'immobilité, les Français embarquent dans cette vieille Acadie du Nouveau Monde. Ils y reconnaissent leurs ancêtres pure laine et ils sont bouleversés de nous voir aussi vivants, aussi sains, aussi actuels. Tout d'un coup, sous leurs yeux, une vieille femme d'Acadie se raconte, et le passé devient présent. Elle éveille tout un monde enfoui dans l'histoire, elle résonne d'une langue désuète, mais toujours actuelle, elle déterre les racines les plus profondes des Français de France. C'est l'envoutement général, c'est un cri qui vient des ancêtres du Nouveau Monde.

Sur les planches, je n'arrivais pas à capter cette empathie, par osmose, que des Français ressentaient à l'égard de *La Sagouine*, car c'était la première fois que le public était silencieux. Un silence de mort régnait, aucune réaction verbale, aucun rire, aucune toux. Il me semblait que tout le monde avait arrêté de respirer. Très tôt, je me suis agrippée à ce silence sacré et j'en fis ma consolation. Sans preuve tangible, j'ai présumé que le public français était embarqué. Tout le rythme du spectacle devait changer sur les lieux. J'ai dû attendre jusqu'au Recensement pour entendre le premier – et le seul – éclat tonner parmi les spectateurs français. *J'sons pas tout à fait des Français, j'pouvons pas dire ça ; les Français, ça, c'est les Français de France.* Dans ce cri profond, j'ai compris que la Sagouine et les Français de France se regardaient fixement dans les yeux et se reconnaissaient.

Le public est d'abord charmé par cette langue aux accents lointains. Il entend à pleine oreille ce franc-parler du 17ᵉ siècle, encore embouché par les derniers paysans des provinces, que ce soit en Charente, en Savoie, au Berry, au Poitou, en Bretagne ou ailleurs. Ce langage musical et rempli d'images savoureuses est fortement enraciné dans les meilleures traditions. On dépasse vite l'attrait de l'exotisme pour saisir l'essentiel. Jamais encore avait-on donné les planches à une sagouine, et surtout pas à une sagouine française, c'est-à-dire à une concierge, à une bonne ou à une ouvrière. Dans le passé, les clochards avaient trouvé droit de cité parmi les personnages de théâtre, mais les sagouins et sagouines sans noblesse, jamais. Leur voix est toujours celle du silence et de l'écrasement. Mais le jour où elles ouvrent la bouche pour parler, attention! La Sagouine ouvre la voie et les voix.

L'approche des Français au spectacle de *La Sagouine* diffère à la base de celle des Acadiens et des Québécois. Les premiers sont plutôt analytiques alors que les autres sont plutôt intuitifs. On vit et on parle en images qui sont forcément différentes de celles de la culture française. Par exemple, la *catin* parmi les présents de Noël chez nous n'est pas tout à fait la même chose en France. Et encore, notre petit Jésus de cire en belle robe blanche bordée de dentelle, couché dans la crèche de Noël, est en bois et ne porte pas d'habits en Europe. Là où ces couleurs tout à fait locales engendraient le rire et l'aise, ces mêmes images s'effacent devant les Français pour produire une sympathie chaleureuse devant le personnage.

Pendant tout notre séjour à Paris, Antonine Maillet fut baladée d'une radio à l'autre, jouant le jeu de la promotion et des entrevues, des journaux à la télévision. Toute la machinerie promotionnelle était en branle pour alerter le public français de l'existence et de l'arrivée sans bruit de *La Sagouine* à Paris. Tel le style de la pièce, le spectacle en soi ne déplace pas beaucoup d'air avec un seul personnage, sans décors et sans fanfare. Munie d'une chaise berceuse et d'une barouette, avec tous ses attirails dans une petite valise, la Sagouine occupe le dernier rang de cette parade diplomatique, mais gare à son tambour quand la parade sera finie !

Malheureusement, il n'y avait pas de salle de spectacle proprement dite au Centre culturel canadien. C'était plutôt une salle de conférence qui fut mise à notre disposition ; un genre de hall, très étroit et très long, propice aux discours avec microphone et qui permettait aux derniers de dormir en paix selon la monotonie du sujet. Ce fut le martyr pour moi, il fallait que je me fasse voir et entendre jusqu'à la vingt-sixième rangée, et je refuse qu'on dorme pendant mon spectacle ! Alors, à la guerre comme à la guerre ! L'estrade improvisée était tellement basse que, sur le coup, j'ai dû couper court mon lavage de plancher à genoux, car personne ne me voyait. En plus, cette fameuse estrade était creuse, alors il y avait compétition entre mon clapotage de sabots et le texte. Je pouvais bien avoir mal au cœur! Puisqu'on avait aménagé un éclairage de circonstance, mes techniciens Francis et Yves Pelletier se bataillaient avec la technique pour multiplier la puissance et le jus. Il fallait créer l'impossible pour qu'on me voie et qu'on m'entende jusqu'au fin fond de cette salle remplie à craquer. Heureusement que le public ne voit pas ce qui se passe derrière et autour d'une scène.

La bonne volonté ne manquait pas. On voulait à tout prix m'offrir le meilleur et on se donnait beaucoup de peine pour dénicher des accessoires impeccables. Seulement, la Sagouine ne sait que faire de l'impeccable. Vivant en marge de la société, l'essentiel dans son existence doit d'abord être pratique. C'est ainsi que les hôtes m'ont offert la plus belle chaise berceuse, une antiquité de grande valeur qui semblait dater du Moyen Âge, en vieux bois usé par le temps. Le musée nous la prêtait généreusement avec la consigne d'y faire très attention. On la regardait sous tous ses angles, comme une relique; étouffés d'admiration, on frôlait son bois doux. Quand la Sagouine s'en est emparée, surprise! la chaise berceuse du musée ne berçait pas! Elle n'existait que pour être admirée. Alors j'ai clapoté à travers tout le monologue des Bancs d'église. Clop! Clop! Pour mes buches, j'ai eu droit à une collection de branchailles et de petites cannes sèches. Avouez que c'est très difficile d'incarner un pays et une identité à travers des morceaux de bois aussi banals. Malgré tout, l'Acadie, sur-le-champ, a acquis une réalité géographique.

À la fin du spectacle, on applaudit très chaleureusement, et je suis bénaise! Les Français étaient heureux de nous rencontrer. La Sagouine les avait apprivoisés. À peine entrée dans la loge, j'ouvre la porte grande aux spectateurs qui m'attendaient. Les éloges me font chaud au cœur.

Perdue dans la marée de Français qui voulaient à tout prix me nommer leur patelin d'origine se trouvait madame Pauline Julien, de passage à Paris pour un moment. Elle m'envoie d'abord une rose avec un carton griffé au crayon et signé *Pauline*, puis elle vient m'embrasser très fortement en pleurant à chaudes larmes. Sans pouvoir dire un seul mot, on s'agrippe l'une à l'autre.

Mais les Français, eux, en avaient des choses à dire! *Mais ce n'est pas possible! Ma grand-mère parle comme ça! Un pur chef-d'œuvre! Quel personnage extraordinaire!* Une dame ne me lâche pas, elle vient de la Charente, et dans une grande diatribe elle me démontre à coups de preuves qu'Antonine Maillet a dû aller chercher sa sagouine chez elle. J'avais beau essayer de mettre mon grain de sel, elle était emballée et prenait toute la place. Au bout de cinq minutes, un Monsieur, qui n'en pouvait plus d'attendre son tour pour prendre la parole, s'impose avec autorité en embarquant d'une quinte plus élevée: *Pardon, Madame, mais pas du tout! Je suis Limousin, et la*

Sagouine a des racines en ligne directe chez nous. Les deux ont commencé un débat-harangue dans lequel chaque Français et Française pouvait contribuer de sa version. Tranquillement, sur le bout de mes orteils, je me suis glissée dans ma loge. La Sagouine avait gagné ; elle appartenait à tout le monde.

Les deux autres représentations furent un peu moins difficiles, car j'avais plus ou moins apprivoisé les lieux, les accessoires et la réaction française. À guichet fermé dès sa première venue parisienne au Centre culturel canadien, il n'était pas téméraire de prévoir pour *La Sagouine* une audience internationale, universelle, sans barrière de langage, comme la musique, l'artisanat, la poésie.

Monaco

C'est à l'occasion du 5e Festival mondial du Théâtre Amateur à Monte-Carlo, dans la Principauté de Monaco, que j'ai posé mon dernier geste officiel avec le théâtre amateur. Le spectacle de *La Sagouine* ayant débuté dans le milieu du théâtre non professionnel, il fut choisi pour représenter le Canada à ce festival international qui a lieu tous les quatre ans. L'intérêt principal de cette grande manifestation était de voir ce qui se faisait en matière de théâtre amateur dans le monde entier. Les activités se déroulaient dans la salle Garnier du célèbre casino de Monte-Carlo.

Dès notre arrivée sur le parvis du casino, l'équipe du Canada a eu le souffle coupé. Sous la coupole du ciel bleu de la Méditerranée, flanqué d'embouteillages de Rolls-Royce, cet *Opéra de Paris miniature* reluisait à nos yeux comme un château féérique de notre enfance. Dans le foyer, le va-et-vient des bien nantis de ce monde se déroulait comme une séquence en direct d'un film de Fellini. À gauche de ce foyer enguirlandé de sculptures, de tapisseries et de luminaires en cristal se trouvait le casino, et à droite, la salle Garnier. Quelle salle ! La voilà, la petite réplique de l'Opéra de Paris ! Anges dorés, tapis de Turquie, fauteuils de velours, cordons satinés, plafonds recouverts de fresques, draperies géantes, murs et boiseries sculptés, et un immense rideau de scène bouclé et rebouclé à l'infini. Que diable la Sagouine allait-elle faire dans cette galère ?

Une vingtaine de pays participaient au festival, dont l'Allemagne, le Japon, la Suisse, la France, la Tchécoslovaquie, la Roumanie, l'Irlande, la Belgique, les États-Unis, la Suède, le Canada, la Finlande. Pendant une dizaine de jours, le tapis rouge de Monaco était la scène de réceptions au champagne, de banquets, de discours, de conférences et de galas pour les amateurs de théâtre. Chaque soir, les spectateurs s'endimanchaient et paradaient dans leurs plus beaux atours : robes longues de soirée, bijoux, parfum, talons hauts. Dans le foyer du casino, il fallait quand même être à la hauteur des plus grands joueurs de roulette, car il n'y a qu'un seul lobby pour le casino et le théâtre. Quel éblouissement quand on se perd dans cette foule de millionnaires ! Il y avait théâtre à la fois dans la salle Garnier et en dehors. Cet endroit avait reçu les plus grands du monde du spectacle depuis plus d'un siècle, et il s'apprêtait à recevoir la plus petite, la Sagouine.

L'irréelle ambiance parfumée et enfumée nous métamorphosait en Cendrillon au bras du Prince charmant et en Alice au Pays des Merveilles. Trop souvent, hélas, la réalité brutale nous frappait une fois assis dans nos fauteuils de velours quand il fallait subir un spectacle plus ou moins à la hauteur d'une telle rencontre mondiale.

Trois troupes de théâtre présentaient leur pièce chaque soir pendant soixante minutes chacune. Il fallait donc faire un nouveau découpage de *La Sagouine*. On choisit l'essentiel du spectacle, soit l'introduction avec Le Métier, la raconteuse avec Les Bancs d'église, l'identité avec Le Recensement, la poésie avec des extraits du Printemps et la métaphysique avec La Mort. Une des grandes richesses des monologues réside dans la flexibilité des textes à s'adapter aux différentes circonstances. Au départ, les textes ayant été écrits au rythme des saisons et des évènements, l'éventail des gestes humains s'y trouve incarné. Les moments les plus sacrés d'une vie et les moments les plus ordinaires se côtoient, comme le jour et la nuit.

Comme toujours, mon premier geste fut d'apprivoiser les planches et les coulisses. N'ayant pas de décors, chaque nouvelle scène doit se transposer à mon habitat naturel, que ce soit à Monaco ou à Paris, à Bouctouche ou à Montréal. Le plancher sur lequel je vais me planter, et me bercer, et clapoter, et frotter doit se transformer en une racine géante qui me cloue à la terre. La texture des planches prend une dimension professionnelle. À Monaco, c'est un bois riche, solide, gros comme un chêne millénaire ; c'est un bois vieux comme le pays, fort comme les ancêtres. Pour frotter ces planches, il me faudra beaucoup d'eau, car le bois boit des tonneaux, et il me faudra une énergie physique capable d'égaler la force des grands qui y ont régné. Par le truchement de l'éclairage, l'espace scénique doit se réduire aux dimensions intimes du monde de la Sagouine. L'unique rayon de lumière doit réchauffer la chaise berceuse pour déclencher la verve de la grande

Raconteuse. La tasse de thé doit soulager un peu son mal de ventre au moment de La Mort.

Les meubles essentiels – la berceuse, la barouette et les buches – ont été expédiés par avion de Montréal à Monaco, car à eux seuls, ils avaient la lourde tâche de créer tout un pays, l'Acadie. Quel plaisir j'ai eu à épier les régisseurs, les éclairagistes, les accessoiristes locaux en train de manipuler avec curiosité et respect ce bois venu du Nouveau Monde. En langue étrangère, ils tenaient un caucus autour de ces objets sacrés. Tout en discussion et en commentaires, ils soupesaient chaque buche avec émerveillement; ils comparaient la résonance solide de notre bois avec celui des vieux pays; ils le sentaient du nez, l'examinaient sous tous ses angles, et en expliquaient la texture rude et vraie jusqu'au moindre nœud, jusqu'à chaque crevasse. À travers ces buches, la barouette et la chaise berceuse, ils étaient les premiers à découvrir l'Acadie de la Sagouine. Tout portait à croire que ces objets n'existaient pas dans les vieux pays. C'est vrai que j'ai dû prendre un long moment à me bercer pour que les gros madriers du plancher s'accordent au rythme de mes histoires du pays.

Toute la délégation canadienne tremble, car j'ai le don de communiquer mon trac à mon entourage. Comme d'habitude, j'étais prête une vingtaine de minutes avant le spectacle, mais *the play within the play* commençait. Je devais entrer en scène par la même porte que les spectateurs, c'est-à-dire en arrière, il fallait me trouver un coin où je pourrais attendre sans être dérangée. Déjà mon metteur en scène Eugène Gallant avait prévenu les complications et avait accompli toutes les formalités nécessaires avec papiers et documents à l'appui, signés et contresignés pour que tout se déroule sans accrocs, car le seul coin disponible était l'antichambre de la princesse Grace de Monaco !

Bien oui, la Sagouine en guenilles partait de la chambre des rois pour se rendre sur scène, mais avant même de contempler ce petit palace, les obstacles se multipliaient. Il n'y avait qu'une seule route pour s'y rendre, en traversant le foyer bondé de spectateurs qui attendaient les trois coups, soit ceux-là du théâtre, soit ceux du casino. Je devais donc me rendre chez la princesse dans mes haillons sans être vue, car cela aurait été un crime de lèse-majesté qu'une sagouine soit présente, visible ou invisible, dans un tel endroit. Alors toute la délégation canadienne s'est mise en branle : Antonine Maillet, Rita Scalabrini, mesdames les présidentes de ci de ça et messieurs les metteurs en scène et techniciens ont formé un cercle autour de moi, arborant sourires, vêtus qui d'un smoking, qui d'une robe longue, et cachant la Sagouine à l'abri des regards. Ce cercle ambulant s'est tranquillement et gentiment faufilé à travers la foule jusqu'à l'antichambre de la princesse Grace. C'était une évasion digne des plus grandes pièces dramatiques !

Mes yeux beluettent d'extase une fois havrés dans l'enceinte royale ! Quelle splendeur ! La Sagouine devait faire les cent pas qui préludent à son entrée en scène, les pieds dans la peluche jusqu'aux chevilles. C'est la rencontre de l'extrême pauvreté avec la richesse suprême. Cette salle, toute en longueur, éclatait de rouge et de doré veloutés. Les murs, tout en boiserie sculptée, donnaient l'illusion d'un long couloir secret qui conduisait à la loggia royale. Deux portes géantes, à chaque bout de ce corridor enchanté, ne s'ouvrent que pour les élus. J'ai l'impression d'avoir trébuché dès les premiers pas. Il fallait que j'oublie vite ce conte de fées pour me plonger dans la réalité de la Sagouine. Au lieu de trainer mes sabots, comme à l'habitude, j'ai péniblement appris à les lever d'au moins quatre pouces de terre à chaque pas. Tranquillement, et avec une profonde concentration, j'essayais de retrouver le vent et l'air salé de l'Acadie. Vu le trac exceptionnel et le dépaysement étourdissant, j'ai voulu, à un moment donné, m'assoir et me reposer pour retrouver mon souffle, mais il n'y avait qu'une seule chaise, trop majestueuse pour que je m'y assoie, donc j'ai continué mes cent pas.

Tout d'un coup, j'avise mon sciau d'eau au beau milieu de la place. Catastrophe ! il n'était rempli qu'à moitié, les techniciens ayant oublié que je devais forbir un bois qui boit beaucoup. Eugène Gallant me calme avec sa consigne habituelle : *worry pas* ! et il s'empresse à quérir l'eau qui manquait. Ce fut tout un exploit, car au départ, il était impensable de promener le sciau de la Sagouine à travers la foule honorable du foyer. Alors, avec toute l'ingéniosité d'un créateur brillant, Eugène Gallant prend un seau de champagne, le remplit d'eau tiède pour que je ne me gèle pas les mains en plongeant dans mon sciau, le pose sur un plateau d'argent et, avec toute l'élégance d'un maitre d'hôtel royal, il le parade au-dessus des têtes des invités jusqu'à l'antichambre de la princesse Grace. Avec grand respect, on lui cède le passage en chuchotant avec anticipation que la princesse assisterait à la pièce ce soir-là. J'ai eu le souffle coupé quand j'ai vu le seau de champagne se marier avec mon sciau d'eau! L'essentiel était sauvé: j'avais suffisamment d'eau pour laver le plancher. *The show must go on*!

Pour que je sois doublement protégée, mesdames les Présidentes de la délégation se sont volontairement offertes pour jouer le rôle de gardes aux deux grandes portes à chaque bout de l'antichambre. Tout mon entourage n'est pas sans savoir qu'une rigueur absolue règne avant mon entrée en scène. C'est le grand silence dans un clair-obscur, aucun étranger n'a le droit d'entrer; je dois être seule en face de la Sagouine.

Le décompte continue: en scène dans dix minutes. Tout d'un coup, un des murs s'ouvre comme le cheval de Troie, et je me trouve en face d'un policier qui veut me mettre à la porte! On ne pouvait deviner qu'il y avait plusieurs fausses portes cachées dans ces beaux murs en bois sculpté, et un gardien royal faisait sa ronde habituelle quand il s'est trouvé nez à nez avec une sagouine chez la princesse Grace. Ce fut la stupeur et la consternation devant un tel sacrilège! *Sortez d'ici! Mais comment osez-vous? Quelle permission? Par où êtes-vous entrée? Sortez immédiatement, ou...*

Face à ce scandale, et dans son empressement à me jeter dehors, il n'a pas remarqué mon maquillage épais, car j'étais déjà dans la peau de la Sagouine. Sur le coup, une des présidentes vient à mon secours pour expliquer au policier que j'étais la vedette du prochain spectacle. *We have obtained full permission... she will be on stage, alone, in a few minutes... please do not talk to her... or touch her... we are Canada, the next country on stage...*

Le pauvre gardien la regarde sévèrement: *Je ne comprends pas, moi, je parle français.* Alors spontanément, je viens au secours de madame la Présidente, je redeviens Viola Léger et j'explique que nous participons au festival de théâtre, que l'entrée du prochain spectacle se fait d'en arrière et que nous avons tous les documents officiels nous permettant d'être cachés dans l'antichambre de la princesse. À la suite de quoi j'entends cette exclamation célèbre de madame la Présidente: *Goddam it! Why don't I speak French?!*

Dans la salle, on commente les notes explicatives du prochain spectacle: *Pièce pour femme seule.* Une seule comédienne sur scène? Déjà une déception générale s'empare des spectateurs, mais la curiosité les fixe dans leurs fauteuils. Puisque ce festival international se déroulait sous l'égide de la Principauté de Monaco, des représentants de la famille royale assistaient chaque soir aux représentations. Ce soir-là, puisqu'il n'y avait aucun faste et seulement une femme seule sur scène, c'est la secrétaire de la princesse qui prend la place d'honneur dans la loggia royale.

Encore une fois, la Sagouine faisait une autre percée dans l'inconnu. Ce soir-là elle devait entretenir un dialogue avec la tour de Babel, car les spectateurs, venant de plusieurs pays, ne parlaient pas tous le français. Il y avait, en premier lieu bien sûr, les membres de la Francophonie, la France, la Suisse, la Belgique, le Luxembourg et Monaco, mais il y avait aussi des Allemands, des Finlandais, des Japonais, des Roumains et des Américains.

L'éclairage s'éteint doucement, et la bombarde de l'Acadie remplit les voutes de la salle Garnier. Les anges dorés au plafond souriaient d'enchantement, car jusqu'ici leurs ailes n'avaient entendu que les violons des plus grands orchestres du monde. Les oreilles des spectateurs se piquent d'attention au dépaysement. On n'avait jamais entendu le reel de sainte Anne joué à la bombarde par Léo Arsenault du cap Pelé. Mon oreille à moi guettait depuis vingt minutes la première note de cette chère bombarde qui est devenue, avec le temps, l'identification du personnage de la Sagouine. On entend la Sagouine avant même de la voir. Aussitôt le reel parti, je deviens la Sagouine. Le parquet sur lequel je déambule en descendant l'allée pour me rendre sur les planches se transforme en mon chemin du Roi en Acadie. Tout à coup, mes guenilles se fondent dans le velours et Viola Léger n'existe plus. Je ne vois et n'entends que mon monde. À Monaco, c'est la Sagouine versus les Rois.

Une grande surprise m'attendait. Contrairement à celui du Centre culturel canadien à Paris, le public de Monaco réagit distinctement, j'entends fuser les exclamations et les rires. On répond à mon langage, on dirait qu'on parle ma langue. On réagit spontanément quand la Sagouine *se regarde dans le miroué et qu'elle se fait pas zire*! En dehors de l'Acadie, je savais toujours s'il y avait des Acadiens dans la salle, car ils étaient les seuls à comprendre cette expression si colorée. Me voici en pleine Méditerranée et mon public est envoûté par ma langue et mon pays. Ce sont les provinciaux, les Belges et les Suisses qui s'identifient du tac au tac avec les Acadiens. Notre vieille langue du 17e siècle leur est très proche, et surtout, ils semblent partager notre statut social et politique. Au moment du Recensement, les Belges et les Suisses se demandaient quelle était leur nationalité ; ils avaient les mêmes problèmes d'identité.

Au balcon, Antonine Maillet et Rita Scalabrini assistaient au spectacle discrètement, en se demandant comment la Sagouine sortirait de l'épreuve. Tout à coup, à peine cinq minutes après la première phrase, les spectateurs de trois rangées au balcon décident de partir. Le cœur d'Antonine tombe dans une poche d'air : ça ne marche pas ! Mais deux minutes plus tard, elle voit ces mêmes spectateurs s'installer furtivement dans les premières rangées de l'orchestre. C'était une troupe de sourds-muets de la Suède qui s'approchaient le plus près possible pour voir et lire les mouvements de mes lèvres et de mon corps.

À Monaco, ce fut l'envoutement littéral. Tout le monde évoque un moment de grâce, une révélation, une interprétation éblouissante. La Sagouine est de ces évènements majeurs qui comptent au théâtre. Et c'est ainsi que j'ai clôturé ma vie de comédienne de théâtre amateur.

Paris

Trois ans plus tard, à l'automne de 1976, le ministère canadien des Affaires extérieures annonce que dans le cadre de son programme d'échanges culturels, le Théâtre du Rideau Vert de Montréal présentera *La Sagouine* de l'auteure acadienne Antonine Maillet dans 27 villes en France, en Belgique et en Suisse, au cours d'une tournée de deux mois et demi. La pièce sera même à l'affiche du petit Théâtre d'Orsay pendant deux semaines et demie, le théâtre de la célèbre Compagnie Jean-Louis Barrault-Madeleine Renaud installé de 1972 à 1981 dans l'ancienne gare d'Orsay, un bâtiment qui deviendrait plus tard le célèbre Musée d'Orsay.

Je ne me suis jamais habituée à relever des défis prestigieux. On en rêve, on lutte pour leur réalisation, on jubile à l'annonce de leur concrétisation, et on tremble dans ses bottes au moment de leur exécution. C'est toujours la première fois. Quelle joie et quel triomphe nous ressentons en apprenant que nous allions jouer chez Barrault-Renaud, sur la rive gauche, à l'ombre du Louvre! Mesdames Mercedes Palomino et Yvette Brind'Amour avaient maintes fois reçu Madame Madeleine Renaud et Monsieur Jean-Louis Barrault au Théâtre du Rideau Vert et se voyaient, à leur tour, chaleureusement invitées chez la Compagnie Barrault-Renaud : *Fidèles à l'amitié, Madeleine Renaud et Jean-Louis Barrault invitait La Sagouine au Théâtre d'Orsay parce que l'authenticité truculente de l'auteure nous a paru de bon aloi. Parce que la réputation de l'actrice n'est plus à faire. Et parce que l'occasion nous est précieuse de manifester notre amitié envers le Canada.* (Renée Maheu, La rentrée à Paris aux accents de La Sagouine, dans *Le Devoir*, 9 octobre 1976)

Sous la direction d'Yvette Brind'Amour, Antonine Maillet et moi-même mettons à point un spectacle que j'appellerai dorénavant le spectacle classique. Depuis sa création en novembre 1971, *La Sagouine* avait fait du chemin. En décembre 1974, on créa *La Sagouine II* – un spectacle contenant cinq ou six nouveaux monologues/dialogues, et au printemps de 1975, Antonine Maillet offre une nouvelle édition, revue et considérablement augmentée, en préparation pour les enregistrements télévisés pour lesquels chaque monologue devait durer trente minutes. De cette nouvelle édition, on créa le spectacle *classique*: Le Métier (toujours avec des extraits de La Jeunesse), Les Bancs d'église, Le Recensement, Le Printemps et La Mort.

Puisque *La Sagouine* ne fait pas beaucoup de bruit à Paris et ne déplace pas beaucoup d'air avec son unique personnage sans décors et sans flamboyance, et étant donné qu'Antonine Maillet, à ce moment-là, était à peu près inconnue en France, l'inévitable suspense d'une première nous guettait encore une fois. Que nous réservaient les adeptes de Jean-Louis Barrault et la clientèle du Théâtre d'Orsay? Comment cette guenillouse de Sagouine allait-elle se faire entendre chez les sérieux, les savants, les lettrés, les respectables, les érudits du théâtre de la rive gauche?

Heureusement, ce sont des questions que je ne verbalise jamais avant un spectacle même si elles fourmillent inconsciemment dans mon for intérieur. Je suis rendue au front, la bataille doit avoir lieu, et à la guerre comme à la guerre! Il faut conquérir à tout prix. Mes armes les plus puissantes sont aiguisées au maximum: sincérité, vérité totale, métamorphose absolue, incarnation dans l'infinie petitesse de la Sagouine et dans la grandeur des gens de mon pays. Il faut transplanter tel quel le plancher de la Sagouine dans les serres chaudes du Théâtre d'Orsay. Avec délicatesse et respect, je veux offrir ce cadeau à mon public français, mais non pas l'imposer. C'est pourquoi je polis le spectacle du dedans et non du dehors. Aucun changement extérieur dans la mise en scène, aucune adaptation du texte pour les Français, mais une vérité à toute épreuve. Je ne peux rejoindre profondément mes auditeurs qu'au niveau de l'essentiel. Je suis, tu es, nous sommes; que se passe-t-il après la mort? Pourquoi la pauvreté physique et morale? Les outardes arrivent: c'est le printemps! Puisque la Sagouine est tellement dépouillée et se cramponne à l'essentiel, je dois épouser les mêmes atouts en tant que comédienne.

Le Théâtre d'Orsay, avec ses 180 places, est parfait pour stimuler l'intimité et réduire la distance entre la scène et la salle. Monsieur Barrault et madame Renaud sont des plus accueillants et nous reçoivent comme s'ils étaient des amis de longue date. Tout le monde s'empresse de créer une ambiance familiale pour que nous ne soyons pas trop dépaysés. Suivant mon régime habituel, j'ai l'honneur de faire mes exercices physiques dans une salle donnant sur la Seine, en face du Louvre. Veux, veux pas, le calme et l'assurance s'emparent de moi, s'implantant au fond de mon être. Une petite loge, toute blanche, encombrée de costumes et de morceaux de décors, m'effraie de prime abord, mais ma sœur Agnès, qui m'accompagne et qui devient ma dame de compagnie pendant tout mon séjour en Europe – «Woodstock» entre nous – voit à égayer et à colorer mon petit coin.

Deux heures avant le spectacle, je me sens très seule dans cette loge nue. Je me demande où sont tous ceux qui ont tellement acclamé *La Sagouine* depuis plus de cinq ans. Où sont tous les amies et les amants de la Sagouine? Est-ce que j'ai vraiment réussi dans le passé? Ai-je vraiment joué ce rôle plus de 500 fois? Qu'est-ce qui se passe chez nous? Avec le décalage horaire, personne en Acadie ne peut réaliser que je vais jouer *La Sagouine* dans une heure. Il n'y a personne! Je suis seule avec la Sagouine. Je commence à étendre mon maquillage et je me sens mieux. À mesure que je souligne mes rides et que mes épaules se courbent sous le poids du corps de la Sagouine, je me sens allégée à l'intérieur. Oui, je l'aime, cette Sagouine, elle est à moi.

Une demi-heure avant le spectacle, Antonine vient m'embrasser pour la dernière fois, le mot de Cambronne fuse de tous les côtés, une pelletée de télégrammes du Canada m'assure la présence en esprit de tous mes amis, ce merveilleux soir de première à Paris. Des douzaines et des douzaines de belles roses à longues tiges, comme on en trouve seulement en France, transforment ma loge en serre chaude. C'est parti, je ne suis plus seule. Agnès s'empresse de trouver des vases et de décorer ma loge. En même temps elle reçoit les derniers vœux de succès et voit à mon isolation, car le décompte est parti : en scène dans vingt minutes ! Les cent pas commencent, les invités s'installent dans leurs fauteuils, je marmonne mon texte. Je ne suis plus certaine, je me sens traquée. Les minutes du décompte s'éternisent, ma respiration raccourcit. Les gens parlent de plus en plus, puis en scène, la bombarde part avec le reel de sainte Anne. Mon corps se déclenche automatiquement au rythme et à la respiration d'un quadrille acadien, et je fonce en scène.

Je ne me rappelle pas trop ce qui s'est passé sur scène. C'était le grand silence comme au Centre culturel canadien, quelques années passées. Une grande attention émanait des spectateurs et envoutait la petite salle. Pendant les dix premières minutes, une inquiétude intérieure s'empara de moi, mais je me souviens de ma première expérience à Paris, et je savais que ce silence était d'or. Les Parisiens se sont vite ajustés à ce spectacle hors du commun.

Confrontés à une réalité brutale plus puissante que la fiction, ils sont tout à coup embarqués dans la galère.

On avait conquis Paris. L'ovation et les bravos à la fin du spectacle nous donnaient plus qu'un succès d'estime, c'était un accueil chaleureux et enthousiaste dépassant de loin certaines réserves polies habituelles.

La critique confirmait officiellement ce que le public et moi avions vécu ensemble : Claude Baignères écrit dans Le Figaro que c'est là *un de ces miracles dont seul le théâtre est capable... un personnage pathétique parce qu'il est celui d'un être abandonné sur le lointain rivage canadien depuis quatre siècles, et qui, dans un monde hostile, garde farouchement son identité ; mais un personnage incroyablement tonique aussi parce que rien, ni le froid, ni la faim, ni le malheur n'altère sa fierté méfiante... Le tout est interprété par Viola Léger, une comédienne hors du commun. Elle a le ton, le geste, le timbre, la note absolument justes sans jamais chercher le moindre effet. Mais quelle présence, quelle chaleur et quelle leçon !*

Patrick de Rosbo s'emporte dans Le Quotidien de Paris : *Bernanos l'eût aimée... Antonine Maillet a fait mieux que d'écrire un chef-d'œuvre. Nous lui devons ce que le théâtre peut nous offrir de plus indéracinable : l'incarnation d'une vie dont l'éblouissement dépasse de loin toute pitié, tout cri, tout malheur. Sa vérité est indélébile, sa violence ineffaçable. Cette Sagouine s'appelle aujourd'hui Viola Léger et je ne connais que Madeleine Renaud dans* Oh les beaux jours *pour avoir le droit de saisir sa main, par-delà La Mort.*

Jean-Louis Barrault lui-même s'exclame en public et soutient qu'*après dix minutes de spectacle, ce n'est plus cette femme-là, qui a passé sa vie à ramasser la crasse des autres, qui est la crasseuse, la sagouine. C'est nous tous qui devenons les sagouins. Ce n'est plus elle...*

Comble de délicatesse, et pour notre plus grand bonheur, Madeleine Renaud insiste pour qu'Agnès et moi nous occupions sa loge personnelle pendant tout notre séjour à Paris. Alors me voilà à recevoir les spectateurs après le spectacle chez la plus grande dame du théâtre français! Agnès étale les télégrammes et les billets doux juste à côté de ceux de Madame Renaud. Elle exhibe les bouquets de fleurs dans les vases qui ont déjà contenu les roses pour la *Winnie* de Beckett. Avant le spectacle je me repose et je retrouve la paix et la concentration sur le divan de Madeleine Renaud.

Des seize spectacles donnés à Paris, il y en a un qui demeure inoubliable. C'était un de ces soirs où tout tombe pile. Je suis en pleine forme, le public aussi; c'est du tac au tac. Probablement aussi que les astres sont bien alignés, que la lune ne décharge que des ondes positives et que les marées hautes ou basses sont à leur point culminant. Le spectacle se déroule à la perfection. J'offre et on accepte, on me lance et j'attrape. On vibre à chaque respiration de la Sagouine; nous sommes deux dans un.

À la fin du spectacle, le public et moi sommes allés tellement loin, les spectateurs sont tellement émus, qu'après la dernière phrase, *dès demain, j'irai voir le docteur*, l'éclairage s'éteint doucement, au ralenti, plongeant la Sagouine immobile dans l'obscurité, alors que les spectateurs demeurent figés et immobiles à leur tour. Aucun applaudissement, aucune toux retenue, le silence absolu. Après quelques secondes de blackout, les lumières remontent pour le salut.

Je souris doucement, j'invite mon public à sortir de cette extase, car ce n'était qu'un spectacle, c'est fini pour le moment. Les applaudissements commencent timidement avec mon premier salut, pour aboutir dans un tonnerre étourdissant à mesure que les spectateurs sortent de leur transe.

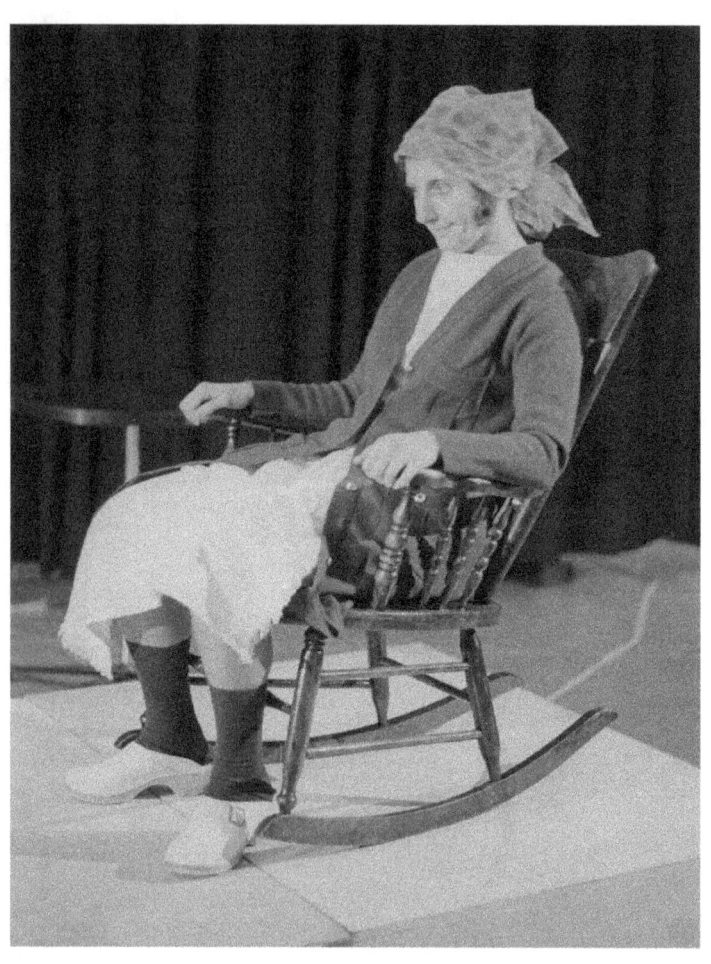

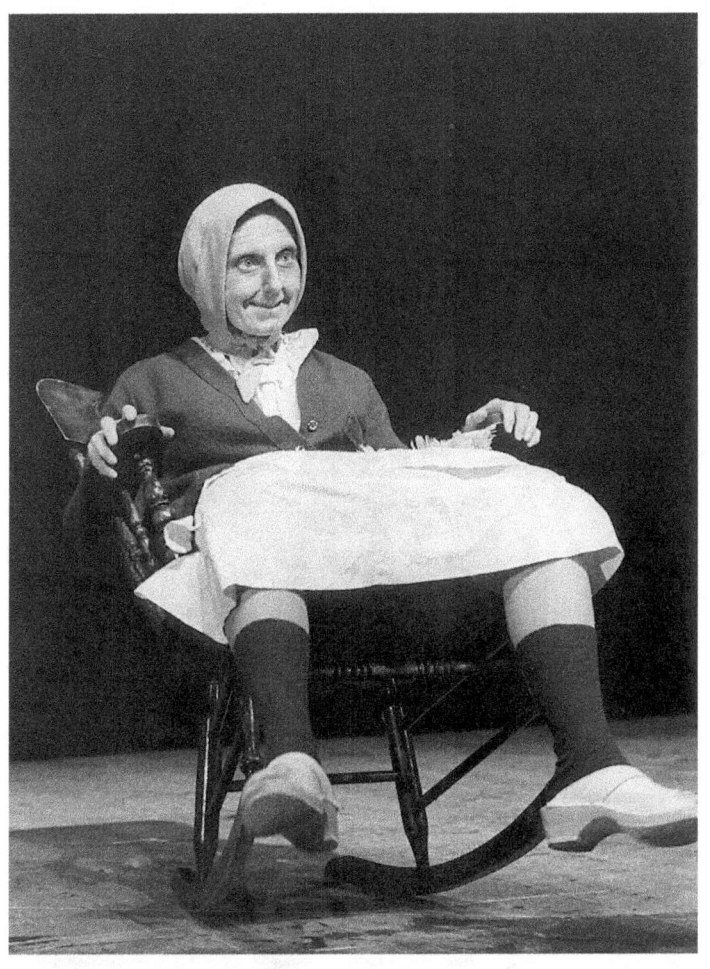

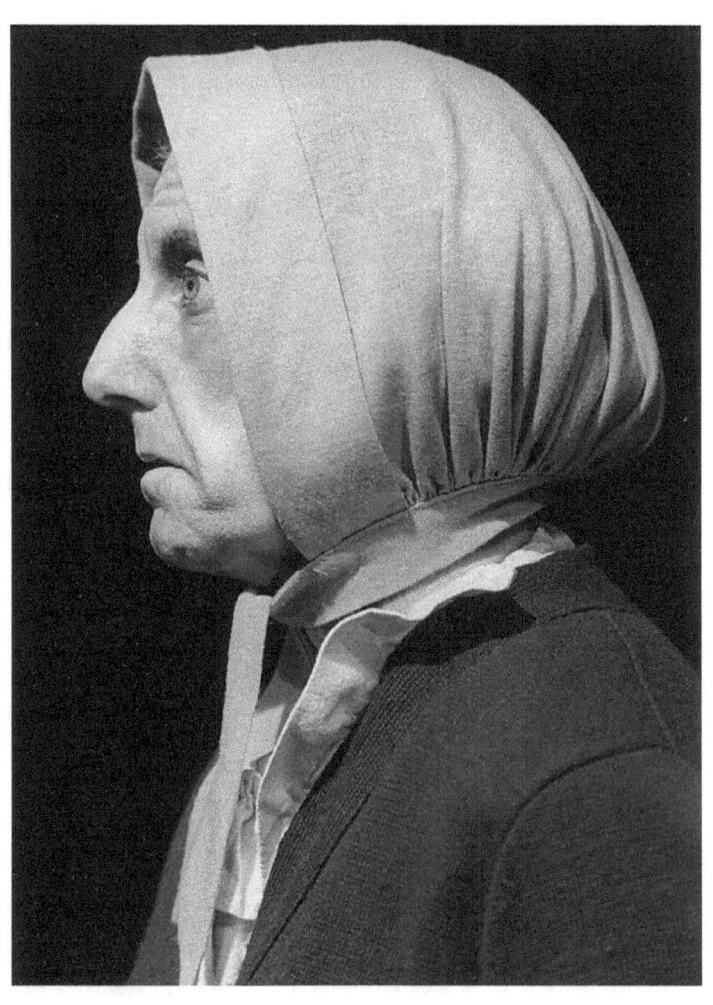

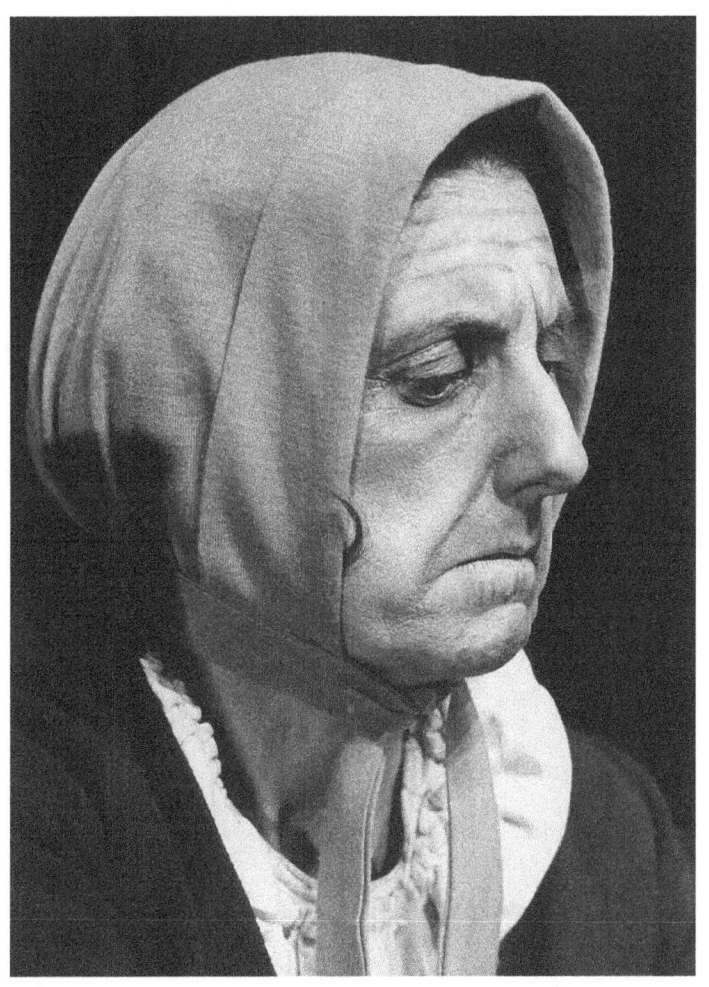

Photographies

Page i : Viola Léger, photographie de Dolores Breau MPA.

Pages ii-iii : Lancement de *La Sagouine* d'Antonine Maillet à la bibliothèque de l'Université de Moncton, 1971. Gracieuseté du Centre d'études acadiennes.

Page iv : Répétitions au café-théâtre Les Feux Chalins, à Moncton, 1971. Gracieuseté du Centre d'études acadiennes.

Page v : Le premier costume pour les représentations aux Feux Chalins, à Moncton, 1971. Gracieuseté du Centre d'études acadiennes.

Pages vi à xv : *La Sagouine* au Théâtre du Rideau Vert, Montréal, 1973. © Guy Dubois

Page xvi : La secrétaire de la princesse Grace de Monaco, le metteur en scène Eugène Gallant, l'auteure Antonine Maillet et la comédienne Viola Léger, Monaco, 1976. Gracieuseté du Centre d'études acadiennes.

Merci à Dolores Breau, à Rodolphe Caron, à Guy Dubois, au Centre d'études acadiennes de l'Université de Moncton et à l'ONF pour leur aimable collaboration.

Table

Mot de l'éditeur ... 7
Préface ... 9

L'Acadie 1971-1973 ... 19
Moncton ... 21
Shediac ... 39
Bouctouche ... 45
Rogersville ... 53
Memramcook ... 55
Pointe-Sapin ... 59
Moncton ... 61
Kedgwick ... 63
Moncton ... 65
Pointe-de-l'Église ... 69
New Waterford ... 73
Arichat ... 77
Chéticamp ... 79
Abrams Village ... 81
Fredericton ... 83

Le Québec 1972-1973 ... 85
Québec ... 87
Détour à Saskatoon ... 91
Sherbrooke ... 93
Montréal ... 95
Lyster ... 103
Sept-Îles ... 105
Le Saguenay, l'Abitibi ... 107

L'Europe 1973-1976 ... 119
Paris ... 121
Monaco ... 129
Paris ... 141

Photographies

Direction littéraire
Serge Patrice Thibodeau

www.ingramcontent.com/pod-product-compliance
Lightning Source LLC
Chambersburg PA
CBHW050527170426
43201CB00013B/2112